ESSAI

SUR

LE CODE PÉNAL.

AVIS IMPORTANT.

Cet ouvrage était imprimé, lorsque les deux projets de loi sur les matières qu'il traite ont été présentés à la Chambre des Pairs.

Ces projets prouvent que les imperfections de notre loi pénale n'ont point échappé à l'autorité, puisqu'elle-même sent la nécessité d'en réviser quelques dispositions; mais nous croyons que les mesures proposées sont incomplètes, et que notamment le projet relatif à l'extension de la compétence correctionnelle et à la modification de certains articles du Code pénal, ne peut produire les résultats avantageux qu'on semble en attendre.

Eu effet, en toute matière criminelle, le jugement par jurés est le droit commun, les autres juridictions sont d'exception: ce principe est fondamental et fut victorieusement rétabli par les orateurs des deux Chambres, lors de la lumineuse discussion de la loi du 26 mai 1819. La législation doit donc toujours tendre à augmenter la compétence du jury, et non pas celle des tribunaux correctionnels, déjà beaucoup trop étendue: le vrai moyen de corriger la dureté du Code pénal n'est donc pas de changer l'ordre des juridictions en diminuant les garanties qui en résultent, mais de donner aux cours d'assises une latitude suffisante pour proportionner les peines aux délits.

Sous ce second point-de-vue, le projet est évidemment trop restreint quant aux infractions dont il permet d'atténuer les peines, et d'un autre côté il laisse une trop grande latitude aux juges, (qui ne sont pas obligés de consulter le jury,) sur l'application de ces peines. On reconnaît toutefois généralement que beaucoup d'autres dispositions du Code pénal sont trop sévères ; il résulterait donc du projet de loi, une disproportion frappante entre les infractions en général et leur châtiment, ce qui rompt l'échelle progressive établie par le législateur de 1810 ; de plus, si l'on voulait atténuer ces autres dispositions, il faudrait refaire une grande partie des articles du Code. Un Article général d'atténuation *n'aurait aucun de ces inconvéniens : c'est le système que nous avons développé.*

Quant au projet relatif aux vols dans les églises, nous avons aussi manifesté le vœu de voir ces édifices assimilés à la maison habitée, *en étendant cette assimilation aux* bourses de commerce, théâtres, etc.

Nous pensons donc que, dans le moment actuel, cet ESSAI, *composé depuis long-temps, doit acquérir un intérêt de circonstance.*

ESSAI

SUR

LE CODE PÉNAL;

Par M. le baron BOURGNON DE LAYRE,

Chevalier de l'ordre royal et militaire de Saint-Louis, officier de l'ordre royal de la légion d'honneur, ancien auditeur au conseil d'état, ex-substitut du procureur général a la cour royale de Poitiers, etc., etc.

Sontibus undè tremor, civibus indè salus.

Sant.

PARIS,

Chez Béchet aîné, libraire, quai des Augustins.

POITIERS,

Chez É.-P.-J. Catineau, imprimeur-libraire.

1824.

AVERTISSEMENT.

Cet Essai eût pu facilement fournir la
matière de plusieurs volumes, car les bases
de toute bonne législation pénale qu'il présente
réunies comme en un faisceau, et l'examen d'un
code aussi important que celui de 1810, sont
susceptibles de développemens fort étendus.
Mais le but de l'auteur n'était pas de donner
des dissertations ni de composer un long
ouvrage : il a voulu seulement présenter dans
un résumé substantiel et succinct des résultats incontestables, et rappeler les doctrines
fondamentales qui découlent des principes
également avoués par l'expérience et par la
raison.....

Les jeunes gens, qui pour la plupart sortent
des écoles sans avoir étudié le Code pénal,
trouveront dans ce livre des règles à l'aide
desquelles ils ne pourront s'égarer : les personnes chez lesquelles l'instruction est mûrie
par la connaissance des hommes et des choses,

y puiseront peut-être quelques idées utiles, et les gens du monde eux-mêmes se convaincront, en le lisant, qu'ils ont intérêt à ne pas rester étrangers au système de pénalité qui nous régit.

Au reste, cet Essai n'est en quelque sorte que l'avant-propos d'un ouvrage plus important, fruit de plusieurs années d'un travail assidu dans les fonctions du ministère public, et que l'auteur se propose de faire paraître incessamment. Cet ouvrage, intitulé Jurisprudence du Code pénal, forme un *Commentaire complet* sur ce Code, un vrai *Manuel pratique,* dont le besoin se fait sentir depuis long-temps et qui deviendra indispensable à toutes les personnes qui ont à s'occuper de l'application des lois pénales. Il formera un très-gros volume in-4.°: le *Moniteur* du 18 juillet 1823 en a déjà fait l'annonce; les avis particuliers de la librairie en feront connaître le plan.

ESSAI

SUR

LE CODE PÉNAL.

Les lois pénales des peuples, pour atteindre le degré de perfection dont elles sont susceptibles, doivent être coordonnées avec les lois politiques, et mises en rapport avec les mœurs et l'état de la civilisation: elles sont la sanction des lois civiles et la garantie de la tranquillité et de la sureté publiques; elles ont donc la plus grande influence sur la liberté des nations.

Ce serait une erreur de croire que ces lois sont instituées pour venger la société : la vengeance est une passion inconciliable avec l'action majestueuse et impassible de la loi. Le droit de punir appartient sans contredit à la société ; mais ce droit resserré dans de justes limites, n'existe que dans l'intérêt de sa conservation ; c'est une des garanties de la durée du pacte social , et rien de plus : le magistrat ne doit jamais l'oublier.

En effet , la justice criminelle , fille de la nécessité et mère de la paix, n'est dans son application que la manifestation de la volonté générale de la société , et cette volonté, qui n'a et ne peut avoir pour objet que le bien de tous et l'ordre public , est exprimée par la loi, quelle que soit la forme des divers gouvernemens : toute passion lui est étrangère.

Le but des lois pénales n'est donc ni de tourmenter , ni d'affliger les hommes , ni de venger la société ou quelqu'un de ses membres : il n'est autre que d'empêcher le coupable de nuire de nouveau, d'imposer un frein salutaire à la fougue des passions, et de détourner, par l'exemple, de commettre des actions semblables. Si les délits en général peuvent être considérés comme une maladie du corps social, en politique comme dans l'ordre physique le remède qui prévient le mal est plus précieux que celui qui le guérit: les lois pénales sont essentiellement préventives. *Omnis pœna non tam ad delictum quàm ad exemplum pertinet. (Cuj. tit. Cod. de pœnis.)*

Quant à la sévérité plus ou moins grande de cet ordre de lois, elle est principalement relative à la nature des divers gouvernemens, et aux circonstances dans lesquelles elles sont rendues.

Les publicistes les plus célèbres ont généralement remarqué à cet égard « que les » peines augmentent ou diminuent à mesure » qu'on s'éloigne ou qu'on s'approche de la » liberté; qu'il n'y a plus de liberté toutes » les fois que les lois pénales permettent que » l'homme cesse d'être une *personne* et de- » vienne une *chose ;* que plus on augmente » la rigueur des supplices, plus on est près » d'une révolution; que tout châtiment inu- » tile est tyrannique; que plus la sureté et la

» liberté publiques sont grandes et inviolables,
» plus les peines sont justes; que dans les pays
» où les peines sont douces, l'esprit général
» de la nation en est touché, comme il l'est
» ailleurs par les peines dures; et enfin que
» les peines outrées corrompent le despo-
» tisme lui-même. » (*V*. le Traité des délits
et des peines de *Beccaria*, et l'*Esprit des
lois*.)

Il serait facile de justifier ces observations par des exemples, mais ce serait entrer dans le domaine de l'histoire et nous écarter de notre sujet; ces réflexions préliminaires nous ont toutefois paru nécessaires avant d'examiner les principes qui doivent constituer un bon code pénal.

Bases d'un bon code pénal.

Il existe dans l'ordre moral comme dans l'ordre physique un entraînement continuel vers la dissolution : les lois immuables de l'univers et celles changeantes des sociétés tendent à empêcher cette dissolution, cette désorganisation.

Ces dernières, qui sont principalement les lois pénales, doivent, pour atteindre efficacement leur but, être en harmonie avec l'état et les besoins de la société, comme nous l'avons déjà dit.

Faire une loi pénale, c'est, à vrai dire, créer une infraction; et commettre une infraction, c'est violer à la fois une obligation et un droit.

Or, en général, l'*infraction* est tout acte prohibé à raison de quelque mal qu'il fait naître ou tend à faire naître : la répression de l'infraction doit donc être mesurée sur l'alarme qu'elle répand dans la société, ou sur le dommage causé à quelqu'un de ses membres.

De là découle naturellement la nécessité d'une juste proportion entre le châtiment et l'infraction ; mais il ne faut pas prendre pour guide unique l'esprit mathématique d'une proportion rigoureuse : on peut sacrifier quelque chose sur ce point, si la peine en devient plus frappante et plus exemplaire, en un mot plus préventive.

La briéveté et la simplicité sont d'ailleurs le caractère des bonnes lois pénales.

Elles doivent être claires, précises et écrites en langue vulgaire ; car tout citoyen doit savoir quand il est coupable ou innocent.

Il en résulte que l'on peut faire ce qui n'est pas défendu par la loi. C'est ce dogme qui forme les ames libres et courageuses ; c'est lui qui inspire cette vertu mâle supérieure à la crainte, et non cette faiblesse qualifiée de prudence, qui se plie à tout et dispose les peuples à la servitude.

Il ne faut pas cependant en conclure que l'on puisse faire tout ce que la morale ou l'honnêteté publiques réprouvent, quoique les lois pénales ne l'aient pu prévoir, ou l'aient omis à dessein ; mais seulement qu'on n'est pas punissable pour l'avoir fait.

Un autre dogme non moins important, c'est que toute infraction se compose du fait uni à l'intention ; le fait seul ne peut être incriminé. La loi romaine portait elle-même : *In maleficiis voluntas spectatur non exitus. L.* 14 *ff. ad leg. Corn. de sic.* Les établissemens de *saint Louis* admettaient le même principe.

En effet, « *la volonté* est cette faculté de
» l'ame qui détermine à agir d'après les mou-
» vemens du cœur et les calculs de la raison.
» Le désir excite, la raison compare, la vo-
» lonté détermine : pour vouloir, il faut donc
» désirer et connaître. Connaître une action,
» c'est apercevoir son but et les circonstances
» qui l'accompagnent. Ainsi *l'action volon-*
» *taire* est celle qui naît de la détermination
» de la volonté, précédée du désir et de la
» connaissance du but, ainsi que des circon-
» stances de l'action. »

« L'*action involontaire* est celle qui naît
» ou de la violence ou de l'ignorance. La
» violence est l'impression d'une force étran-
» gère qui nous entraîne malgré notre vo-
» lonté ; l'ignorance est cet état de l'esprit
» qui ne permet d'apercevoir ni le but ni les
» circonstances d'une action. Dans ces deux
» cas, l'homme qui a violé la loi ne peut être
» regardé comme coupable. » (*Filangieri,*
œuvres compl.)

Le fait dégagé de l'intention ne peut donc
pas être puni ; quelques textes des lois romaines admettaient le même principe : *Cri-*

men contrahitur , si et voluntas nocendi intercedat. Leg. 1.ᵃ *C. ad leg. Corn. de sic. Maleficia voluntas et propositum delinquentis distinguit. Leg.* 53.ᵃ *ff. de furt.* 47 , 2.

Ici se groupent naturellement les principes en matière de *tentative ,* de *complicité ,* ainsi que les cas d'*excuse* ou de *non-culpabilité ,* qui se tirent de la démence ou de toute autre cause exclusive de la volonté au temps de l'action.

Quant à la *tentative ,* elle ne mérite punition que lorsque la volonté de commettre le fait est prouvée, et elle ne paraît pas d'ailleurs devoir être réprimée aussi sévèrement que l'infraction consommée.

La législation anglaise va même plus loin : elle ne punit pas la *tentative.* Jusqu'à ce que le crime ait été consommé, elle suppose le repentir possible. (*V. Blackstone , lois ang.*)

Pour la *complicité ,* indépendamment de l'intention, qui doit toujours être prouvée, on doit suivre une gradation analogue à celle appliquée à la tentative, à l'égard des complices qui n'ont pas été exécuteurs immédiats, et mesurer l'intensité des peines sur la position relative des coupables au temps de l'action.

La *démence* ne peut se concilier avec la volonté. « La volonté, dit *Filangieri*, étant
» cette faculté de l'ame qui détermine à agir
» d'après les mouvemens du cœur et les
» calculs de la raison, il suit de là que les
» personnes qui, par la faiblesse de l'âge ou
» un vice d'organisation, n'ont pu acquérir
» ou conserver l'usage de la raison, doivent
» être regardées par la loi comme incapables
» de volonté, et par conséquent de crime.
» Tels sont les impubères, les imbécilles, les
» visionnaires, les frénétiques, les somnam-
» bules, etc. » Mais il existe d'autres causes
également exclusives de la volonté ; tels sont
les cas où l'on est contraint par une force
irrésistible, ceux d'imprudence, d'erreur,
d'ignorance, d'accident, etc. ; tels sont aussi
certains cas d'ivresse, que la loi doit prévoir
et qualifier avec soin et avec une sage latitude. (*a*)

____

(*a*) Voir ci-après les observations sur l'art. 65 du Code pénal.

D'un autre côté, l'objet d'un code pénal ne peut pas être d'embrasser, d'une manière générale et absolue, tout ce qui est nuisible ou funeste. Il ne doit pas atteindre notamment ces actes simplement contraires à la bonne foi et à la délicatesse, qui sont du domaine de la loi civile : il ne peut non plus prévoir tous les vices réprimés par *les règles* de la morale ; enfin, il ne peut pénétrer dans les consciences. Les lois punissent les actions extérieures, point les pensées.

Il résulte de ce qui précède, que jamais la loi pénale n'est susceptible d'extension, et qu'elle ne peut être appliquée qu'aux cas prévus et déterminés par elle, et jamais par induction ni analogie, en sorte que tout fait, quelque immoral qu'il soit ou paraisse être, ne peut être puni, s'il n'est qualifié infraction par la loi.

Il en résulte encore qu'on ne peut la suppléer, ni l'interpréter, si ce n'est pour l'avantage de l'individu poursuivi ; qu'ainsi l'application n'en peut être faite d'après les principes du droit civil. « Dans les matières crimi-
» nelles, le juge choisit le parti le plus doux,

» si la loi est obscure ou insuffisante; et il ab-
» sout l'accusé, si la loi se taît sur le crime. »
(Portalis dis. sur le tit. prél. du Code civ.)

Les lois pénales des Romains, qui repo-
saient sur d'autres bases que notre législation
pénale actuelle, avaient cependant consacré
les mêmes principes. *Pœna non irrogatur
nisi quæ quâ lege, vel quo alio jure specia-
liter, huic delicto imposita est. Leg. 131 ff.
de verb. sign. Interpretatione legum pœnæ
molliendæ sunt potiùs quàm asperandæ.
Leg. 42 ff. de pœnis. In pœnalibus causis,
benignius interpretandum est. Leg. 155,
§. 2, ff. de reg. jur. ant. Odia restringenda,
favorabilia amplianda. Leg. 19 ff. de lib.
et posth.*

L'on doit d'ailleurs avoir toujours présente
à la pensée cette vérité fondamentale , ce
principe d'éternelle justice, rappelé dans une
loi de l'empereur *Trajan* , que la condamnation d'un seul innocent cause plus de préjudice à la société que l'acquittement de
plusieurs coupables. Enfin, c'est la loi, et non
le juge qui doit punir.

Ces maximes sont d'une vérité incontesta-
ble, et les pays où elles sont le plus religieu-
sement respectées sont ceux où l'on jouit
d'une plus grande liberté.

L'Angleterre nous en fournit plusieurs
exemples.

Un statut du roi *Edouard VI* avait dé-
claré les voleurs de *chevaux* inadmissibles à
réclamer le bénéfice de clergie; on jugea qu'il
ne pouvait s'appliquer à celui qui n'avait volé
qu'*un seul cheval*, et il fallut un second acte
explicatif du premier. Un autre statut du roi
Georges II portait que le vol de *brebis* ou
autre bétail était un crime capital, etc.; on
pensa que cette disposition ne devait s'appliquer qu'au *vol de brebis*, qui était clairement exprimé, et que les termes *autre bétail*
étaient trop vagues: un acte postérieur étendit
la disposition spécialement aux *bœufs, vaches*
et *taureaux*. Il y a peu d'années encore
qu'un individu, pour éluder les droits établis
sur les voitures à deux et quatre roues, imagina de faire fabriquer une voiture à cinq
roues: poursuivi pour usage de cette voiture,
il soutint avec succès devant les tribunaux

anglais que la loi ne lui était pas applicable ,
parce qu'elle ne parlait que des voitures à
deux et à quatre roues ; il fallut une décision
législative pour appliquer la peine à l'usage
de toutes voitures, quel que fût le nombre
de leurs roues.

Ces distinctions pourront paraître trop sub-
tiles et même puériles aux partisans du pouvoir absolu, mais elles démontrent combien
est grand le respect pour la loi chez un peuple
libre : c'est au législateur *seul* à expliquer les
lois obscures ou imparfaites.

La loi pénale en outre suppose en général
deux espèces d'infractions : celles qui sont le
résultat du calcul et de la réflexion, et celles
produites par l'impulsion des passions violen-
tes. Cette distinction rend nécessaire une
proportion dans l'intensité des peines, un
maximum et un *minimum* sagement limi-
tés, à appliquer suivant les circonstances qui
caractérisent les infractions de même nature.

On sent aussi que la *récidive* doit être punie plus sévèrement qu'une première faute :

toutefois il ne faut pas perdre de vue la règle tutélaire du *non bis in idem.*

Mais ce n'est pas par la rigueur des supplices que la loi prévient le plus surement les crimes; c'est par la certitude du châtiment.

Plus il est terrible, plus le coupable ose pour la chance de l'éviter : les pays et les siècles où l'on mit en usage les plus cruels supplices, furent toujours déshonorés par les plus monstrueuses atrocités; dans le quinzième siècle notamment, les exécutions fréquentes accoutumèrent le peuple à la férocité et les assassinats se multiplièrent d'une manière effrayante : on a même souvent remarqué que les lois trop rigoureuses enfantent des crimes; punissez le vol de mort comme l'assassinat, on ne volera plus seulement, on assassinera presque toujours; ce sera un moyen de faire disparaître les preuves du vol.

D'ailleurs la crainte des supplices n'a jamais retenu les scélérats décidés à porter le trouble dans la société, et les peines les effraient plus par leur durée que par leur rigueur instantanée.

Cela nous amène à parler de l'établissement des peines.

Nous donnerons à cet égard quelques règles principales.

« 1.° Le mal de la peine doit surpasser l'a
» vantage de l'infraction.

» 2.° Plus il manque à la peine du côté de
» la certitude, plus il faut y ajouter du côté
» de la grandeur.

» 3.° Si deux infractions viennent en con
» currence, la plus nuisible doit être soumise
» à un châtiment plus fort, afin que le délin
» quant ait un motif pour s'arrêter à la moins
» nuisible.

» 4.° Plus l'infraction est grande, plus on
» peut hasarder une peine sévère pour la
» chance de la prévenir.

» 5.° La même peine ne doit pas être infli
» gée pour le même fait à tous les délinquans
» sans exception : il faut avoir égard aux cir-

» constances qui influent sur leur sensibilité
» relative, l'âge, le sexe, etc., etc. »

Ces axiomes fondamentaux seraient susceptibles de longs développemens; mais la réflexion prouvera que les explications suivantes leur donnent toute l'extension que comporte cet aperçu.

Les peines, comme nous l'avons déjà dit, doivent être *susceptibles de plus ou de moins;* elles doivent en outre être *égales à elles-mêmes,* c'est-à-dire qu'à un degré déterminé, elles soient les mêmes pour plusieurs coupables d'une même infraction; *commensurables; analogues* à l'infraction; *exemplaires; économiques,* c'est-à-dire n'avoir que le degré de sévérité nécessaire pour atteindre leur but; et *rémissibles,* pour réparer les cas d'erreur, ou récompenser la bonne conduite postérieure à la condamnation.

Les peines doivent encore servir à la réformation des vices du condamné, ôter la possibilité de nuire, et fournir un dédommagement à la partie lésée.

On doit aussi en établissant les peines, éviter avec soin de choquer les idées reçues et même les préjugés populaires , et ne jamais oublier que quand le peuple est dans le parti des lois, les chances du crime pour échapper sont réduites à leur moindre terme.

Telles sont les grandes bases d'une bonne législation pénale : presque tous les criminalistes et les publicistes les ont adoptées , à peu de variations près dans les détails , et le savant *Bentham* les a développées et analysées dans ses ouvrages avec une profondeur d'observation qui recule les limites de la science.

Nous n'ajouterons à cet exposé rapide que quelques réflexions sur d'autres points qui se rattachent à la nature des peines.

Tout ce qui est au-delà de la mort simple est pure cruauté, dit *Montaigne*. Les amis de l'humanité ont répété ce cri d'une ame généreuse ; les mutilations ont disparu de presque tous les codes des peuples policés.

La peine capitale même ne peut paraître bien appropriée qu'au cas d'homicide, c'est

De la peine de mort.

la loi du talion; mais encore on peut la remplacer avec succès. Cependant elle peut être justifiée par la nécessité, dans certains cas de haute trahison et de rébellion, et lorsque la vie du coupable serait plus dangereuse que sa mort ne pourrait être nuisible pour la société. Hors ces cas rares, et qui portent l'horreur publique au plus haut degré, l'emprisonnement perpétuel et laborieux produirait de meilleurs effets que la mort.

Telle est l'opinion de plusieurs savans criminalistes; mais d'autres publicistes non moins recommandables et la plupart des moralistes voudraient faire disparaître *totalement* la peine de mort des lois pénales, vœu qui fut émis par l'Assemblée constituante et partagé même par la *Convention*, comme on le verra plus loin. Quant à ceux qui croient qu'on doit appliquer la peine capitale à beaucoup de cas, ils ont aujourd'hui peu de sectateurs.

M. *de Pastoret*, pair de France, dans son ouvrage sur *les lois pénales*, publié en 1790, a profondément discuté tous les avis sur ce grave sujet, et penche pour la suppression absolue de la peine de mort; nous joignons nos vœux à ceux d'un homme d'état dont l'opinion est d'un si grand poids.

Quel est en effet ce terrible droit de glaive que s'arrogent les législateurs? Quand les sociétés se forment, chaque citoyen peut et doit céder une partie de sa liberté pour jouir en paix de l'autre; mais il ne peut jamais aliéner son existence, ce premier des biens pour l'homme devenu social; car que pourrait-il recevoir en échange d'un pareil sacrifice?

L'acte par lequel un citoyen est frappé de mort, ne peut donc constituer un droit légitime : l'humanité s'y oppose comme la nature; l'utilité publique le repousse....

Un homme mort n'est bon à rien, répète-t-on depuis long-temps : l'expérience vient prouver la vérité de cet axiome populaire, qu'on pourrait compléter en ajoutant que *les supplices ne font pas diminuer le nombre des crimes.*

En effet, l'empereur MAURICE prit la résolution de ne jamais verser le sang de ses sujets : *Isaac* LANGE jura qu'il ne ferait mourir

personne pendant son règne ; l'empereur Jo-
seph second, le grand duc Léopold de Toscane,
Elisabeth, Pierre III et la célèbre Catherine
de Russie, ont suivi ces philantropiques exemples : jamais moins de crimes n'ont été commis que sous ces règnes.

L'histoire nous apprend en outre que Trajan, Marc-Aurèle et le *pieux* Antonin n'ont
jamais voulu prononcer sur la vie de leurs
semblables, et que Titus se fit souverain pon-
tife, pour n'être ni l'auteur ni le complice de
la mort d'aucun citoyen.

La peine de mort, qui a tous les caractères d'un véritable assassinat, *volonté, sang-
froid, préméditation,* et qui nuit à la société par les exemples de cruauté qu'elle donne
au peuple, n'est jamais infligée dans la plupart des Etats-Unis de l'Amérique septen-
trionale, et dans les autres elle n'est prononcée que dans un très-petit nombre de cas:
nul pays ne voit moins de grands crimes.

Les Américains ont renouvelé en ce point
ce qui se pratiqua sous le roi Sabbacon, le
Marc-Aurèle de l'ancienne Egypte. Ce mo-

narque abolit totalement la peine de mort, et n'admettait pour punition que la détention laborieuse. *Hérod. liv.* 2, §. 157.

Sans entrer plus avant dans des détails désormais superflus, sur une question qui a été si lumineusement éclaircie, nous remarquerons seulement que dans l'état actuel de la civilisation, on est généralement d'accord que les lois qui admettent encore la peine de mort ne doivent la prononcer que le plus rarement possible, et seulement pour les plus grands crimes. (*a*) (Voyez l'ouvrage de M. *Guizot* sur l'*Abolition de la peine de Mort pour délits politiques;* l'ouvrage récent du docteur *Herberk, De la peine de Mort,* et le Traité de Législation criminelle de M. *Legraverend.*)

Elle ne devrait jamais, tant qu'on la conservera, être infligée autrement qu'à l'unani-

---

(*a*) L'effet de la peine de mort, pour délits politiques *particulièrement,* est de rendre les révolutions longues et sanglantes, parce que le sang est vengé par le sang. Un gouvernement appuyé sur la nation n'a pas besoin de supplices pour se maintenir ; la cruauté, si elle n'était pas toujours un abus horrible, est donc au moins un mauvais calcul.

mité, comme en Angleterre, et être exécutée que lorsque l'arrêt aurait été revêtu de la signature du souverain , après un délai tel qu'on eût pu recourir à sa clémence, et que cette signature eût été apposée en parfaite connaissance de cause.

Il ne faut toutefois jamais ajouter aucune cruauté aux exécutions capitales ; la mort la plus douce est toujours le supplice le plus cruel. Ces exécutions doivent d'ailleurs être publiques, promptes, faites entre deux soleils , dans un lieu connu à l'avance; pour qu'elles soient exemplaires, pour preuve qu'il y a eu exécution , pour garantie contre la barbarie de l'homme.

Des autres peines.

Nous avons déjà dit qu'aux Etats-Unis la peine de mort était rarement prononcée : ceux de ces états qui ont porté cette peine dans leurs lois, n'admettent en outre pour toutes les infractions que la peine de l'emprisonnement laborieux qui peut être perpétuel. C'est l'unique, dans ceux de ces états où la peine capitale n'est pas en usage.

Au premier aperçu et dans l'état avancé de notre civilisation européenne, on trouvera

que ce châtiment ne peut pas s'appliquer à tous
les cas , et qu'il est difficile, pour ne pas dire
impossible, de proportionner cette peine isolée aux espèces variées et aux différentes nuan-
ces des infractions.

Il n'en est pas moins vrai que l'expérience
proclame la législation pénale des Etats-Unis
comme une des plus parfaites. Quoi qu'il en
soit, en ayant égard à la situation respective
des peuples, nous pensons que les peines doivent en général être établies sur une échelle
plus variée, en se conformant aux règles que
nous avons données plus haut, et qui ne seraient pas susceptibles d'être appliquées à la
simple peine d'emprisonnement pour tous les
cas.

Cependant il ne faut pas trop multiplier les
peines , et d'abord les plus graves ne doivent
jamais, à notre avis, entraîner des mutilations,
flétrissures ou souffrances corporelles : *affli-
ctatio est ægritudo cum vexatione corporis.
Cic.* L'humanité gémit de voir appliquer un
fer rougi au feu sur le corps nu d'un criminel , quel qu'il soit : l'intérêt social n'a rien à
gagner à ces actes de cruauté qui révoltent la

nature. D'ailleurs la flétrissure est, ainsi que toute mutilation, en opposition directe avec la *réhabilitation*, le *droit de révision des procès* pour les cas d'erreur, etc., et même avec le *droit de grâce*.

Il faut ensuite que le législateur imagine des peines appropriées aux divers caractères des infractions, et n'inflige jamais deux punitions pour la même faute; mais ces peines doivent être toujours restreintes au strict nécessaire, pour que le Code ne perde pas le caractère de simplicité et de précision qui constitue une des premières et plus essentielles conditions de son établissement. Enfin, aucunes peines ne peuvent être infligées avant une condamnation légale, dont la loi de procédure établit les formes, auxquelles l'humanité doit toujours présider.

Il nous reste à parler de quelques dispositions particulières, qui se rattachent plus ou moins directement aux lois pénales.

De la prescription.

La *prescription* par le laps de temps, admise dans la plupart des législations, et qui est indispensable en matière civile, peut être

considérée au criminel comme une vraie ca-
lamité. En effet, c'est un privilége odieux,
une sorte de prime à l'adresse, le triomphe
du crime, un objet de douleur pour les gens
de bien et une insulte publique à la morale ;
elle ne doit donc pas figurer dans un code pénal bien conçu. Les lois qui l'admettent ont
été principalement basées sur ce que les preuves des infractions périssent ordinairement
après un certain temps; mais ce motif doit
tout au plus être pris en considération dans
l'application de la peine, et ne peut détruire
ceux qui font repousser la prescription.

La *contumace*, quoique se rattachant plus
directement à la procédure, doit trouver place
ici; c'est un reste de l'ancien préjugé barbare
qui réputait criminel l'individu absent. Cependant, d'après les lois romaines, il était
interdit de prononcer aucune condamnation
contre l'accusé non présent. *Liv.* 1.ᵉʳ, §. *de
abs.*, *et liv. 5.ᵉ Cod. de pœnis.* Non - seulement l'accusé devait être *défendu*, mais encore il était sursis au jugement pendant son
absence, ce qui détruit dans sa base tout le
système de la contumace. En effet, que peut
être un jugement rendu en l'absence de l'ac-

cusé, sinon une décision qui ne repose sur aucuns fondemens solides?

La *contumace* ne doit donc pas plus que la *prescription* figurer dans de bonnes lois pénales : c'est l'opinion de plusieurs écrivains des plus estimés. Nous n'entrerons pas dans de plus grands détails sur ce point, et renvoyons le lecteur aux ouvrages de MM. *Carnot, Bérenger* et *Dupin*, qui traitent de la procédure criminelle.

De l'amnistie.   L'*amnistie*, mais pour délits politiques exclusivement, est dans un cas à part : nonseulement elle absout, mais elle acquitte; elle est irrévocable de sa nature et efface jusqu'à l'ombre du crime, parce que tout individu qui n'est pas jugé et condamné est réputé innocent. Quant aux délits communs, la loi seule doit être invoquée, pour qu'elle soit efficace.

Du droit de grâce.   Enfin le *droit de faire grâce*, que l'on représente souvent comme un attribut presque divin, et le meilleur correctif possible à appliquer aux mauvaises lois, mérite un examen particulier. *Homines ad deos nullâ re pro-*

priùs accedunt, quàm salutem hominibus dando. Cic. p. Lig.

Le droit de grâce, dit *Beccaria*, est une improbation tacite des lois : la clémence doit être la vertu du législateur, non celle du pouvoir exécutif.

Un criminaliste plus moderne le considère comme une usurpation et un palliatif imparfait et dangereux. (*V*. M. *Bavoux*, leçons sur le Code pénal.)

Bentham va plus loin encore : selon lui, c'est une prévarication réelle. Si les lois sont trop dures, dit-il, le droit de grâce est un correctif, mais un correctif est un mal : faites de bonnes lois, et ne créez pas un pouvoir magique qui les annulle ; si la peine est nécessaire, on ne doit pas la remettre ; si elle n'est pas nécessaire, on ne doit pas la prononcer.

Nous pourrions multiplier les autorités, mais en voilà d'assez puissantes sans doute pour justifier l'opinion que le droit de grâce ne doit pas figurer dans l'économie de lois pénales bien constituées. Loin de nous cependant l'idée de nous mettre en opposition avec les lois de notre pays qui admettent cette haute prérogative de la couronne : nous ne raisonnons ici que sur des théories.

Il est toutefois à remarquer sur ce droit de grâce, qu'il peut bien remettre la peine, mais point le crime. *Princeps quos absolvit notat. C. lib.* 9 *, tit.* 43 *, l.* 3.

Nous ne parlons point ici des *lettres d'abolition* , qui avaient autrefois en France un effet encore plus étendu que le droit de grâce, puisqu'elles remettaient le crime, et pouvaient être données avant comme après jugement. De pareils actes sont subversifs de toute justice ; ils ne peuvent plus se reproduire.

De la révision des procès.

Pour les cas d'erreur ou de révision, nous avons vu que les peines doivent être *rémissibles*, ce qui nécessite des dispositions légales sur la réhabilitation et la réformation des jugemens, dispositions qui rentrent directement dans la procédure criminelle.

Tels sont les principes les plus importans

et les garanties qui doivent servir de fondemens à un code pénal dans l'état actuel de la
civilisation, qui, grâce à l'imprimerie, a fait
des pas de géant, sur-tout depuis un demi-
siècle.

De bonnes lois pénales pourraient cependant devenir illusoires pour le bonheur de la
nation qui ne posséderait pas en même temps
une loi de procédure en harmonie parfaite
avec les règles que nous avons rappelées plus
haut, et chez laquelle le jury ne serait pas ce
qu'il doit être, tout-à-fait indépendant des
pouvoirs de la société. Mais nous ne pouvons
nous occuper ici de cette branche importante
du droit public, sur laquelle d'ailleurs nous
possédons plusieurs traités précieux.

JETONS maintenant un coup-d'œil général
sur les progrès successifs de la législation pénale, depuis les temps les plus reculés jusqu'au Code de 1810.

II. Coup-d'œil sur l'histoire de la législation pé-nale.

La plus ancienne de toutes les lois pénales
est sans doute celle du *talion*. Conforme à l'é-
quité rigoureuse, dictée en quelque sorte par
la nature, elle fut observée très-exactement

chez les anciens peuples, et autorisée par les législateurs grecs et romains. (*Dent pour dent , œil pour œil. Législat. des Hébreux.*) C'est encore la loi des sauvages de nos jours, qui nous représentent l'enfance des sociétés.

Mais le vice radical de cette peine est d'être inflexible et de punir d'une manière prompte plutôt qu'efficace; elle ne peut guère s'appliquer qu'aux délits contre les personnes, et pas même dans tous les cas : est-il nécessaire d'ailleurs que le sang soit payé par le sang, et parce que l'état aura perdu un citoyen, faut-il qu'il en perde deux ? Cette peine pèche donc par un excès de sévérité et détruit toute mesure; elle n'est que spécieuse, et le moindre examen démontre combien peu elle est susceptible d'être employée.

Aussi l'impossibilité de son application à toutes les infractions , dut promptement faire imaginer des compensations, des peines plus ou moins sévères pour en tenir lieu , et mettre ainsi une sorte de parité entre le mal causé et son châtiment. Voilà l'origine du premier code pénal de toutes les nations.

Sans parler des peines atroces et multipliées, admises par les peuples plus anciens que les Romains, chez ces derniers (dans la législation desquels nous avons puisé plus qu'en aucune autre), aux lois royales qui furent si dures, succédèrent celles des douze tables, qui sont remplies des dispositions les plus cruelles : après les décemvirs, la loi *Porcia* suspendit ces lois de sang, en défendant de faire mourir un citoyen romain sans le consentement général du peuple, et jusqu'au dictateur *Sylla* la douceur dans les châtimens fut fort remarquable.

Cette douceur ne fut cependant pas appliquée aux esclaves, car aucune nation ne les traita avec plus de barbarie; et c'est à l'oubli des droits sacrés de l'humanité, méconnus ouvertement à l'égard de ces infortunés, que nous devions, avant 1789, la plupart des sanglantes inconséquences qui souillaient notre jurisprudence criminelle, et notamment la pratique atroce de la question. (*a*)

Après les proscriptions de Sylla (qu'il ne

____

(*a*) Nous ne déroulerons point ici le tableau de ces

faut pas confondre avec ses lois , qui res-
pectèrent la loi *Porcia* et ne prononcèrent
guère que l'interdiction du feu et de l'eau),
le pouvoir arbitraire des empereurs , l'oppro-
bre des délations et l'art des interprétations

---

inconséquences ; nous rapporterons seulement sur *la
question* le théorème que pose *Beccaria,* et qui en
dit plus qu'une longue dissertation.

« La force des muscles et la sensibilité des fibres
» d'un innocent étant connues, déterminer le degré de
» douleur qui le fera se déclarer coupable d'un crime
» donné. » *Traité des délits et des peines.*

Quelques écrivains modernes ont représenté la
mise au secret avant jugement, comme une vraie
torture déguisée ; en effet, on conçoit qu'il serait
facile de faire dégénérer cette mesure de précaution en
vexation horrible , en vraie procédure d'inquisition,
et que ce serait aggraver la peine de la *gêne* suppri-
mée comme trop cruelle. Mais nous répugnons à
croire que les magistrats pussent souffrir ces abus
de pouvoir d'autant plus révoltans, que ce serait arbitrairement infliger des peines non portées par les
lois , et avant toute condamnation. Nous ne nous
étendrons pas davantage à cet égard, car *l'interdiction de communiquer* (moyen d'instruction) ne
peut jamais figurer au rang des peines.

odieuses , cette philosophie de l'esclavage ,
donnèrent naissance aux plus funestes abus :
l'innocence dut succomber, sur-tout sous le
poids des accusations si multipliées de lèse-
majesté , et le crime audacieux sut faire taire
les lois. Mais sous le farouche *Maximin* et
ses successeurs la rigueur des peines fut portée à son comble, et *Constantin* , alliant aux
autres crimes que l'histoire lui impute, le despo-
tisme civil et militaire , n'établit aucune proportion entre les peines et les délits : tout dé-
pendit du caprice du pouvoir, de la volonté
du moment, ou de la qualité des personnes.

Enfin , après la destruction de la puissance
romaine , les lois des peuples barbares firent
peu à peu négliger et oublier le droit romain ;
des coutumes locales s'établirent, on imagina
les compensations en argent, et l'on tarifa les
crimes : les épreuves par l'eau , le feu, le
combat judiciaire et une foule de pratiques
plus ou moins absurdes , décidèrent de la vie
ou de l'honneur des citoyens, et tout était à
cet égard dans une espèce de chaos, lorsqu'on
retrouva le Digeste, vers le milieu du douzième
siècle. Il fut accueilli dans notre France par
saint Louis , s'établit successivement dans

plusieurs provinces , et beaucoup de ses dispositions s'introduisirent même dans les coutumes et se mêlèrent aux usages établis : cependant il n'y eut de chaire de droit romain
à Paris que long-temps après , en 1553.

C'est de ce mélange bizarre des lois romaines avec les coutumes de peuples grossiers ,
les lois franque , bourguignonne , lombarde ,
wisigothe , etc. , etc. , dénaturées elles-mêmes
par d'innombrables commentateurs , qu'est
sortie cette jurisprudence monstrueuse qui
nous régissait encore dans le dernier siècle :
il est superflu de faire remarquer quels inconvéniens irremédiables devaient résulter
d'un assemblage d'élémens aussi incohérens.

Nous n'avions donc pas de code pénal avant
1789 , mais seulement quelques dispositions
incomplètes et éparses dans l'immense col-
lection des anciennes ordonnances : les peines
étaient fort multipliées et même souvent arbitraires , tant la législation en cette partie
était défectueuse.

Nous allons cependant faire connaître quelles

étaient les principales des peines que prononçaient les juges criminels.

Écarteler, brûler vif, rouer vif, trancher la tête, pendre, bâillonner, tenailler.

La *question* ordinaire et extraordinaire, la *suspension sous les aisselles, le fouet, la marque, la mutilation du poing, de la langue*, etc.; *les galères, le pilori, le blâme, l'amende honorable, le bannissement, le carcan.*

La claie, les fourches patibulaires, la privation de sépulture.

La confiscation, les amendes, etc., etc., sans parler des peines canoniques, et de celles prononcées pour les délits militaires et maritimes.

Mais la mémorable *Assemblée nationale constituante* se forma, et chercha avec un zèle soutenu à détruire les abus de nos lois. Ses travaux sur la législation criminelle, édifice qu'il fallait reconstruire en entier, sont dignes des hommes célèbres qui y concoururent : c'est à leurs lumières que nous devons principalement le bienfait de la justice par jurés, institution tutélaire qu'il fut alors sérieusement question d'appliquer aussi aux matières civiles ; nous leur devons encore la manifestation des grands principes conservateurs des droits de l'humanité et fondemens sacrés des lois pénales, ainsi que ces belles instructions sur la procédure criminelle, modèles éternels de raison et de justice. Mais il n'entre dans notre plan de nous occuper que des lois pénales proprement dites : voici les principales qui furent promulguées successivement, à cette époque si remarquable de notre histoire.

La loi des 21 — 30 janvier 1790 porte que les délits de même nature seront punis du même genre de peine, abstraction faite du rang et de l'état du coupable ; que les crimes sont personnels, la confiscation abolie, etc., etc.

Ces vérités utiles, proclamées par un roi qui avait supprimé la servitude dans ses domaines, annonçaient un retour entier aux principes de justice et d'égalité devant la loi, et signalèrent dignement le commencement de la réformation de nos lois pénales.

Le décret du 22 avril 1790 sur la chasse détruisit des priviléges humilians et injustes, et fut fait dans l'intérêt des propriétés, et non dans celui de la conservation du gibier dé-structeur des récoltes.

Celui du 16 août suivant posa les bases du Code pénal, pour l'égalité des peines et leur proportion avec les infractions.

La loi du 1.ᵉʳ décembre 1790 créa la Cour de cassation, tribunal suprême, conservateur des lois et rempart assuré contre l'arbitraire et l'erreur des juges inférieurs.

La loi du 22 juillet 1791 organisa une police municipale et une police correctionnelle, branches de législation qui étaient livrées à une sorte d'arbitraire local, et rendit communes à toute la France les sages dispositions qu'elle prescrivait presque généralement.

Celle du 28 septembre suivant réduisit la peine de mort à la simple privation de la vie, supprima la marque, et accorda trois jours aux condamnés pour se pourvoir : elle fut renouvelée le 3o décembre suivant.

Le même jour 28 septembre on décreta le Code rural, ouvrage important qui fut sanctionné le 6 octobre.

Code pénal de 1791. Première époque de réformation.

Enfin le Code pénal fut publié à la même époque.

Sans doute qu'une marche aussi rapide ne fut pas exempte d'erreurs, car il était difficile d'arriver de suite à la perfection, en partant d'un état de choses aussi vicieux que celui que consacrait la législation pénale antérieure; mais on doit reconnaître que l'Assemblée constituante, si étonnante par ses immenses travaux dans tous les genres, avait adopté presque tout ce qu'il y a de bon et de vrai en matière pénale, et que ce premier essai fut l'œuvre du génie.

Les Assemblées législatives qui succédèrent à la constituante suivirent moins heureusement, sans doute, la route qu'elle leur avait si habilement tracée : cependant il se trouve des lois fort remarquables parmi celles qui furent rendues depuis le Code pénal de 1791 jusqu'au Code du 3 brumaire an 4.

Une loi du 25 mars 1792 régla le mode d'exécution de la peine de mort : c'est celui qu'on emploie aujourd'hui, et qui fut jugé alors par les gens de l'art le moins douloureux pour le patient.

Le décret du 7 juillet 1792 ajouta au Code pénal : il prononça la déportation contre les coupables de *tous* les crimes et délits non prévus par les lois antérieures ; loi funeste, puisqu'il ne peut y avoir d'*infractions* que celles qualifiées par des dispositions législatives.

La loi du 4 pluviôse an 2, additionnelle au Code pénal, porta la peine de mort contre les faux témoins sur accusation capitale ; et le lendemain on fixa en général les peines des autres cas de faux témoignage.

La loi du 4 thermidor an 2 prescrivit la condamnation de *tout* accusé contumax ; loi aussi absurde que cruelle.

Celle du 14 vendémiaire an 3 ordonna la position de la *question d'intention* dans toutes les accusations; disposition salutaire que beaucoup de bons esprits désireraient voir encore en vigueur, et qui est éminemment propre à atténuer la rigueur des peines. Cependant le jury actuel devant apprécier les faits et leur moralité, on peut regarder cette loi comme désormais sans objet.

Code de brumaire an 4. *Seconde époque de réformation.*

Enfin le Code des délits et des peines, du 3 brumaire an 4, vint clore cette seconde série de nos nouvelles lois pénales.

Ce Code, qui est principalement loi de procédure, compléta et perfectionna sur plusieurs points le Code de 1791.

On remarque sur-tout dans son article 612 que les législateurs d'alors, comme ceux qui avaient rédigé le Code pénal de 1791, songeaient à supprimer totalement la peine de mort, et un décret du lendemain 4 brumaire abolit même cette peine à partir de la paix générale; vœu philantropique que nos lois postérieures sont bien loin d'avoir réalisé.

Après le Code de brumaire jusqu'à celui de
1810, la législation criminelle fit des pas ré-
trogades : c'est sur-tout ce qui signale cette
troisième période. Les principales lois qui furent promulguées dans cet intervalle, sont :

Celle du 22 prairial an 4 sur la *tentative :*
elle a été refondue dans l'article 2 du Code de
1810.

La loi du 26 floréal an 5, qui aggrave les
peines portées dans deux articles du Code
pénal de 1791.

Celle du 29 nivôse an 6 , répressive des vols
de grands chemins.

La loi du 25 frimaire an 8, qui classe parmi
les délits beaucoup de faits antérieurement
qualifiés crimes et que l'expérience avait dé-
montré être punis trop rigoureusement : il est
à regretter que cette loi ait été mise en oubli
lors de la rédaction du Code de 1810.

Le décret du 8 nivôse an 10, qui proroge

la peine de mort jusqu'à ce qu'il en soit autrement ordonné.

La loi du 23 floréal an 10 , qui rétablit la peine de *la marque.*

Celle du 3 septembre 1807 , sur l'usure.

Code pénal de 1810. *Troisième époque de réformation.* Et enfin le Code pénal de 1810 , qui ferme cette troisième série de lois , et qui va être l'objet d'un examen particulier.

III. Examen particulier de ce Code. Nous nous occuperons d'abord du système général de ce Code, et entrerons ensuite dans quelques détails.

Les lois de 1791 et de l'an 4 avaient donné un noble essor au système pénal : le Code de 1810 l'a fait rétrograder sur plusieurs points importans.

Il ne faut pas se le dissimuler, il a été conçu dans le but de concentrer le pouvoir dans les mains du chef du Gouvernement d'alors : le citoyen y est presque toujours traité en ennemi naturel de l'autorité et de ses agens ; par-tout les punitions les plus sévères sont infligées aux délits contre cette autorité, et celles prononcées pour les délits des agens du pouvoir contre les citoyens sont comparativement presque nulles.

En général, ce Code est très-dur, son système trop tendu, et sans le jury, appréciateur des faits et de leur moralité, ce serait une vraie loi draconienne : il y règne un luxe excessif de peines graves pour des infractions d'un ordre inférieur, et le *minimum* ainsi que le *maximum* des peines, laissés à l'arbitraire du juge, sont fort élevés et donnent une trop grande latitude, ce qui détruit la proportion entre les peines et les délits ; la peine de mort sur-tout y est extrêmement prodiguée, même dans l'opinion de ceux qui admettent cette peine ; d'où résultent des décisions tantôt sanguinaires, tantôt nulles, et qui dépendent de la sensibilité du jury ou de l'humeur du juge ; enfin il est en arrière du gouvernement constitutionnel établi par la Charte de 1814.

On reproche encore à ce recueil de lois, indépendamment d'autres défauts moins importans et de détail, de présenter quelques lacunes. En effet, il ne punit pas les outrages *non publics* faits à la pudeur, ni les mauvais traitemens de l'enfant envers ses ascendans *autrement que par blessures ou coups*, non plus que plusieurs autres faits d'infraction.

Il a aussi classé au rang des *crimes* des faits qu'on était accoutumé, sur-tout depuis la loi du 25 frimaire an VIII, à voir punir comme délits, et qualifié *délits* des infractions qui n'étaient antérieurement que des *contraventions de police*.

Il porte souvent une double peine pour une même infraction, et laisse abusivement la faculté de prononcer l'une ou l'autre ou toutes les deux, ce qui viole l'égalité devant la loi et le principe *non bis in idem*.

De plus, les amendes sont souvent excessives et les dommages-intérêts indéterminés, ce qui prête trop à l'arbitraire, et fait indirectement revivre la peine de la confiscation des biens, abolie par la Charte.

Il est même à remarquer que, d'après l'article 38 du Code pénal, la confiscation était grévée de la prestation des alimens pour les ascendans et descendans, etc. Les amendes excessives n'offrent pas cette triste ressource : elles peuvent donc avoir des résultats plus désastreux encore que la confiscation générale n'en produisait.

Mais il convient, avant d'examiner ces divers reproches, de reconnaître les améliorations que ce Code a consacrées.

Ses divisions ont le mérite d'une précision théorique dans la classification des faits punissables : il est plus complet et mieux coordonné dans ses diverses parties que les codes antérieurs, et il a perfectionné beaucoup de lois intermédiaires. S'il prononce un grand nombre de peines, il a établi une grande latitude dans leur application et leur gradation, ce qui n'existait pas antérieurement, et ce mode, malgré ses défauts, a moins d'inconvéniens que n'en produisait le système du Code de 1791 ; il consacre fortement le principe du respect dû à la propriété ; enfin cet ouvrage important est susceptible, avec peu de changemens, de devenir un très-bon recueil de lois, et c'est une considération puissante en faveur de sa conservation.

Changemens généraux proposés. Nous allons donc, avant tout, faire connaître quels seraient, à notre avis, les changemens généraux que l'expérience a fait, jusqu'à ce jour, juger suffisans pour mettre ce Code en harmonie avec nos institutions et les besoins de la civilisation. Le profond *Bentham* démontre que la plupart des maux et des crimes est dans le vice des lois ; perfectionnons la nôtre.

L'un de ses articles, le 463.ᵉ, contient le germe de ces changemens ; il n'a besoin que d'être développé.

Cet article réduit l'emprisonnement au-dessous de six jours, et l'amende au-dessous de seize francs, c'est-à-dire aux peines de police simple, dans tous les cas où la peine d'emprisonnement est prononcée par le Code, *si le préjudice causé n'excède pas 25 fr., et si les circonstances paraissent atténuantes.*

Cette disposition bienfesante, étendue aux autres peines prononcées par le Code, peut

faire disparaître les reproches de dureté et de
sévérité généralement et justement faits à
notre loi pénale.

D'abord, en lui-même et pour les cas qui
l'ont déterminé, il nous semble que l'article
463 est trop restreint, et que l'on devrait
n'exiger pour son application, que l'une des
deux conditions prévues, *l'exiguité du dommage* ou *les circonstances atténuantes de
l'action*, sans prescrire que les deux cas fus-
sent obligatoirement réunis; car il se présente
souvent des faits d'infraction punis d'emprisonnement et qui méritent une atténuation de
peine, sans qu'on puisse les faire rentrer dans
l'application littérale de l'article 463, soit que
le dommage excède 25 francs, soit que les
circonstances ne paraissent pas absolument
atténuantes.

Par suite de ce qui vient d'être établi, ce
même article nous semble susceptible d'une
autre amélioration importante: elle consisterait
à en étendre l'application aux cas où l'*amende*
seulement est prononcée, indépendamment
de l'emprisonnement. En effet, il existe beaucoup d'infractions pour lesquelles cette peine

est infligée seule , et dans l'état actuel des choses on ne peut s'empêcher de la prononcer, quelque disproportionnée qu'elle se trouve avec le délit et ses circonstances ; or, souvent le minimum fixé par la loi est trop élevé , comme nous l'avons déjà dit.

Enfin il serait utile et juste que les dispositions de cet article ainsi modifiées s'appliquassent à toutes les lois maintenues par l'article 484 et dernier du Code pénal, ainsi qu'aux lois postérieures qui en sont le complément. Cette application devrait aussi être générale à l'égard des mêmes lois, pour tous les autres articles du Code qui prononcent des dispositions fondamentales, comme ceux sur *la démence* , *les excuses* , *l'âge* , *la complicité* , *etc.* , *etc.*

En effet, le Code pénal pose des principes généraux ; il ne contient pas toutes les lois spéciales ; il les sanctionne, mais cette sanction ne peut leur être donnée que dans les limites des principes qu'il a posés ; autrement, ce serait tout-à-la-fois réformer les abus et les conserver en partie. C'est ainsi qu'ont disparu de nos lois forestières, par exemple, les pei-

nes arbitraires et corporelles; mais ces mêmes lois prononcent aussi des amendes énor-
mes et hors de toute proportion même avec
celles portées pour des délits bien plus graves, prévus par le Code pénal. Si l'article 463
leur était applicable, cette disproportion cho-
quante disparaîtrait.

Beaucoup d'anciennes lois en vigueur donnent lieu au même abus.

Il est encore reproduit par les nouvelles lois
sur la presse et autres moyens de publication,
qui sont le complément ou une extension du
Code en cette partie, et auxquelles pourtant
l'article 463 n'est pas généralement applicable , quoiqu'elles portent des emprisonne-
mens fort longs, et des amendes qui souvent
par leur taux excessif peuvent équivaloir à la
confiscation; abus qui existe aussi dans le Code
pénal, ainsi que nous l'avons fait remarquer
plus haut.

En résumé, l'article 463 nous semblerait
devoir être rédigé ainsi :

« Dans tous les cas où la peine d'emprison-

» nement *et celle de l'amende, ou l'une des*
» *deux seulement, sont portées* par le pré-
» sent Code *et les lois pénales en vigueur* ,
» si le préjudice causé n'excède pas 25 fr., *ou*
» si les circonstances paraissent atténuantes ,
» les tribunaux sont autorisés à réduire l'em-
» prisonnement même au-dessous de six jours,
» et l'amende même au-dessous de 16 fr. Ils
» pourront aussi prononcer séparément l'une
» ou l'autre de ces peines, sans qu'en aucun
» cas elle puisse être au-dessous des peines
» de simple police. »

Ces dispositions ainsi refondues , s'appliqueraient genéralement aux infractions qualifiées *délits* par l'article 1.ᵉʳ du Code ; car il
ne s'en trouve pas qui soient punis de l'*inter-*
diction, sans que l'amende ou l'emprisonnement n'y soient joints : la justice correctionnelle serait donc facilement perfectionnée ,
soit qu'on la laissât dans les attributions des
tribunaux d'exception, soit qu'on rentrât dans
le droit commun en étendant la compétence
du jury.

Quant aux infractions qualifiées crimes et
punies de peines plus graves que l'emprison-

nement et l'amende, au premier aperçu on pourrait croire que les principes de l'article 463 ne peuvent leur être appliqués , et telle fut l'opinion des orateurs du Gouvernement en présentant au Corps législatif cet article 463, dont ils firent beaucoup valoir la concession, toute incomplète qu'elle était. Nous sommes bien éloignés de partager cette opinion, qui ne fut sans doute pas assez réfléchie, et qui ne put pas être combattue à la tribune ; nous verrons même tout-à-l'heure que l'expérience faite par un peuple voisin prouve que notre avis repose sur des bases solides.

A cet égard, deux moyens d'exécution se présentent :

Le premier consisterait à ajouter à chaque classe ou espèce de crimes des articles de la nature de l'article 463, qui spécifieraient les circonstances particulières et fixeraient le taux du préjudice , qui pourraient atténuer les peines encourues ; mais on sent qu'il faudrait concevoir un très-grand nombre d'articles additionnels, qui changeraient en partie l'économie des divisions et subdivisions établies, offriraient de grandes difficultés de rédaction, et laisseraient probablement des lacunes.

Le second moyen est beaucoup plus simple.

Il consiste à rédiger pour chaque peine principale, un article dans les principes de l'article 463, qui ne s'occupe que de la peine *d'emprisonnement;* ou plutôt à ajouter à cet article des paragraphes qui s'appliqueraient à chaque espèce de peines, d'après leur échelle de gravité progressive, ce qui formerait un système complet et coordonné.

Deux arrêtés du roi des *Pays-Bas* ont effectué une partie de ces changemens.

Le premier, en date du 9 septembre 1814, est ainsi conçu :

« Dans les cas où la peine de *la reclusion*
» est portée par le Code pénal (c'est celui de
» 1810. encore en vigueur dans le royaume
» des Pays-Bas), si le préjudice causé n'ex-
» cède pas 50 francs, et si les circonstances
» sont atténuantes, les juges sont autorisés à

» prononcer la réclusion avec dispense de
» l'exposition publique, ou même à la réduire
» à un emprisonnement qui ne pourra être
» au-dessous de huit jours. »

Le second arrêté, du 20 janvier 1815, porte:

« La peine des *travaux forcés à temps*
» peut être commuée en celle de la réclusion,
» et le coupable exempté de l'exposition pu-
» blique, dans tous les cas où des circon-
» stances particulières résultant de l'âge du
» coupable, ou de l'exiguïté du crime, dé-
» montreraient au juge la nécessité d'adoucir
» la disposition de la loi. »

L'exécution de ces deux décrets, qui devraient pourtant être retouchés, indique suffisamment que l'amélioration qu'ils consti-
tuent peut être facilement étendue aux autres
peines principales portées par le Code, et
même à la peine capitale, tant qu'elle figurera
dans nos lois.

En Angleterre, les juges peuvent commuer
la peine de mort en celle de la déportation,
qui ne peut jamais excéder 14 ans; c'est en-

core une indication précieuse à l'appui de notre système.

L'article 67 du Code pénal lui-même commue la peine de mort en certains cas, et les articles suivans prononcent aussi diverses commutations, ainsi que l'article 326.

L'article 8 du décret du 1.er mai 1812 sur la reddition des places de guerre, permettait aussi la commutation de la peine de mort en celle de la dégradation ou de la prison, suivant les circonstances.

Enfin une autorité bien imposante vient se joindre aux motifs que nous avons développés: c'est celle de la Cour des Pairs, qui, dans le fameux procès de la conspiration de Paris en 1819, reconnut la nécessité de l'atténuation des dispositions du Code pénal. Toute illégale que puisse être en principe la détermination que lui inspirèrent la justice et l'humanité, elle n'en démontre pas moins la nécessité de l'article général d'atténuation que nous proposons.

Nous ne donnerons pas cependant de projet

de rédaction des différens paragraphes à
ajouter à l'article 463 ; il suffit , pour concevoir toute notre pensée , de se reporter aux
principes généraux que nous avons rappelés
dans cet essai , et de se pénétrer de ce qui a
déjà été fait.

Nous émettrons seulement l'opinion que
ces nouvelles dispositions , qui ne pourraient
être établies que par une loi, devraient , autant que possible , distinguer pour chaque
espèce de peines et les circonstances qui pourraient les faire atténuer , les cas où le crime
atteint les *personnes ,* et ceux où il frappe
les *propriétés* seulement ; les divisions du
Code indiquent déjà cette nuance importante,
et l'on sent que la mesure de l'atténuation
doit être différente pour ces deux natures de
crimes.

Tels seraient les seuls changemens généraux
que nous proposerions de faire au Code pénal , et l'on conçoit que si cette mesure était
adoptée , la plupart des défauts de détail
qu'on lui reproche, disparaîtraient entière-
ment. Il en est cependant quelques-uns auxquels de nouvelles dispositions peuvent seules

obvier ; nous allons successivement nous occuper des uns et des autres, dans l'ordre des
numéro du Code. (*a*)

ART. 2. Les principes que maintient cet important article ont paru généralement trop sévères : on aurait voulu que la tentative ne fût
punie, tout au plus, que d'une peine inférieure
à celle qu'aurait encourue l'auteur du crime. Ce
qui peut constituer le commencement d'exécution, est d'ailleurs trop indéterminé ; la loi
aurait dû spécifier les cas. Cet article devrait
donc être retouché ; mais si on le maintenait,
au moins ferait-il sentir impérieusement la nécessité de l'article d'atténuation que nous avons
proposé, et qui permettrait de faire la part
des circonstances dans l'application des peines , qu'une expérience de 25 années du système actuel sur la tentative a fait souvent
trouver injustes ou trop dures.

ART. 4. Cet article a consacré le principe
de *non-extension* des lois pénales, en même

(*a*) Nous n'avons point rapporté le *texte* des articles ; le Code pénal est entre les mains de tout le
monde.

temps que celui de leur *non-rétroactivité:*
il n'est lui-même que la répétition des articles
8 de la Constitution de 1791, 2 et 3 du Code
des délits et des peines du 3 brumaire an
IV, ainsi conçus :

« La loi ne doit établir que des peines
» strictement et évidemment nécessaires, et
» nul ne peut être puni qu'en vertu d'une
» loi établie et promulguée antérieurement
» au délit. » (Art. 8 Const. de 1791.)

« Aucun acte, aucune omission ne peut
» être réputé délit, *s'il n'y a contravention*
» à une loi publiée antérieurement. » (Art.
2 du Code des délits et des peines.)

« Nul délit ne peut être puni de peines
» qui n'étaient pas *prononcées* par la loi
» avant qu'il fût commis. » (Art. 3 du même
Code.)

L'article 4 du Code actuel suppose donc
implicitement et nécessairement que l'article
de loi pénale à appliquer doit être mis en
regard du fait incriminé et s'y rapporter
tellement qu'aucun bon esprit ne puisse hé-

siter sur la justesse de l'application. C'est pourquoi, les articles 163 et 369 du Code d'instruction criminelle ordonnent la lecture de la loi appliquée et son insertion textuelle dans le jugement de condamnation : nulle part dans nos codes criminels, il n'est quéstion de *considérations*, de *rapprochemens*, d'*inductions*, de *combinaisons d'articles.* Les lois pénales *doivent toujours être entendues à la lettre*, comme le proclamait l'impératrice Catherine II dans sa mémorable instruction à la commission chargée de rédiger un nouveau code de lois. (*V.* ce que nous avons dit sur ce point, page 10.)

Cette doctrine fondamentale sur la *non-extension* des lois pénales a, comme on le voit, été constamment la même depuis la régénération de notre législation.

Cependant, dans ces derniers temps, on a cherché à porter atteinte à cette précieuse garantie, dans un *Traité de l'interprétation des lois*, publié en 1822 par M. *Mailher de Chassat*, avocat à Paris.

Nous croyons devoir réfuter un système

aussi dangereux, et entrer à cet égard dans quelques développemens.

L'auteur, nourri des principes des philologues allemands, qui ont analysé les lois romaines avec cet esprit de philosophie spéculative qui les distingue, et dans les ouvrages desquels il a puisé des règles sur l'interprétation des lois en général, cherche à étendre l'application de ces règles aux lois pénales actuelles.

Ainsi, sans avoir égard à la nature spéciale de ces lois, sans tenir compte des innovations introduites dans notre système pénal depuis plus d'un quart de siècle, et qui étaient commandées par les besoins de la civilisation, sans s'occuper des principes fondamentaux proclamés par l'Assemblée constituante, et qui sont loin d'être en harmonie avec ceux de la législation des Romains, il tend à détruire, dans sa base, l'immutabilité des lois pénales, cette sauvegarde du repos des sociétés.

Cependant l'article 4 du Code pénal est formel; voici d'abord comme l'auteur cherche à en annuler l'effet:

« Cet article bien entendu (dit-il page 172)
» signifie qu'on ne peut pas appliquer le Code
» pénal à des cas non prévus par lui ; dis-
» position fondée sur ce que la loi permet ce
» qu'elle ne défend pas. Mais il ne résulte pas
» de là qu'on ne puisse pas donner extension
» à la loi pénale, en ce sens que tout ce qui
» est autorisé par le raisonnement, par la lé-
» gitime interprétation des mots, enfin par la
» volonté même de la loi, explicitement ou
» implicitement renfermé dans son énoncé,
» ne doive être exactement observé. »

On voit combien cette explication, qui
pourrait tout au plus être admise en matière
d'interprétation des lois civiles, est vague et
innapplicable aux lois pénales, dans lesquelles
tout est de droit étroit. Si elle devait être ac-
cueillie, il n'y a aucun article du Code pénal
qu'on ne pût arbitrairement étendre, même
aux cas non prévus, car chacun pourrait
entendre les termes de la loi, en les tortu-
rant à sa manière, et expliquer la volonté
présumée du législateur dans un sens particulier : les conséquences de cette doctrine
n'ont sans doute pas besoin d'être plus lon-
guement développées.

Cependant l'auteur de l'ouvrage que nous combattons, appuyé sur les raisons que nous venons de rapporter textuellement, et modifiant les théories de *Forster*, *Everhard* et *Thibault*, qui n'ont écrit que sur les lois romaines, en fait sortir un système mixte, et qui lui est particulier, sur *l'extension* des lois pénales qui nous régissent.

Toutefois il pose en principe, comme Everhard, (qui s'appuie sur les textes que nous avons cités page 11,) que les lois de cette nature ne sont pas susceptibles d'extension, *du moins*, dit-il, *en ce qui se rapporte à l'application des peines ;* mais il établit aussitôt des exceptions qui détruisent tout-à-fait la règle, quoiqu'il l'admette dans un sens déjà trop restreint.

Nous pensons qu'il est superflu de s'occuper ici des exemples particuliers tirés du droit romain pour justifier ces prétendues exceptions ; puisqu'on ne peut disconvenir que cette législation reposait, en général, sur des principes qui ne sont plus les nôtres, et que dans l'état actuel des choses sur ce point on ne doit consulter le droit romain que comme

raison écrite, *lorsqu'il n'est pas en opposi-*
tion avec les lois nouvelles ; mais nous dé-
montrerons surabondamment que l'application de ces exceptions au Code pénal est tout-
à-fait inadmissible, et que même les exemples
qu'on y a puisés ne pourraient les justifier.

Première exception. « L'extension de la
» loi pénale a lieu (dit l'auteur page 167)
» lorsqu'on l'applique à un cas semblable en
» tous points à celui qu'elle a prévu, et dans
» lequel se trouvent mêmes motifs ou motifs
» plus forts que celui de la loi, pourvu que
» ce soit entre les mêmes personnes. »

Puis, citant l'article 145 du Code pénal,
relatif aux faux commis par officiers ou fonctionnaires publics *dans l'exercice de leurs*
fonctions, l'auteur demande « si la disposi-
» tion de cet article s'étendrait au cas où l'of-
» ficier public, à la veille d'entrer en fon-
» ctions, aurait commis un faux dans la qua-
» lité qu'il va prendre, avec une date appar-
» tenant à l'époque où il serait en fonctions ?
» La loi n'en parle pas. ajoute-t-il ; elle pré-
» voit seulement le cas où l'officier public
» commettrait le faux *dans l'exercice de*

» *ses fonctions :* or il n'exerçait pas encore
» ses fonctions quand il l'a commis. Mais qui
» est-ce qui s'aviserait de donner cette inter-
» prétation à la loi? N'est-il pas évidemment
» dans son esprit comme dans sa volonté,
» que sa disposition s'étende au cas proposé?
» Et ne serait-ce pas tromper son vœu que
» de se refuser à l'extension? »

La simple lecture de ces motifs démontre
que l'opinion de l'auteur est erronée. En effet,
ce n'est point un officier public qui dans l'espèce a commis le faux, puisqu'il n'a pas encore été installé : c'est un individu sans caractère aucun, qui a usurpé des fonctions et
une qualité qui ne lui appartenaient pas encore. Ici il y aurait deux infractions : *faux
commis par un simple particulier* et *usurpation de titre ;* mais aucun tribunal ne qua-
lifierait le fait comme prévu par l'article 145,
ou la Cour de cassation ferait prompte justice
d'une telle doctrine. Admettre un système
d'interprétation aussi large, ce serait non-seulement étendre la loi, mais en créer une nouvelle.

Un exemple rendra la chose encore plus
sensible.

Puisque, dans le système de l'auteur, le fonctionnaire public, qui avant d'être installé en sa qualité commet un faux, doit encourir l'application de l'article 145, on devra admettre le même raisonnement pour l'individu qui *à la veille* d'avoir 16 ans révolus, commettra un crime ou un délit; car on sent qu'il peut y avoir *même raison* ou raison *plus forte* que celle qui a déterminé le législateur pour les cas ordinaires, où l'on est réputé jouir de toutes ses facultés. Il devra donc être puni comme s'il eût eu 16 ans révolus. Mais, si on le décide ainsi pour l'infraction commise *la veille* de l'expiration de sa seizième année, on devra également le décider pour l'*avant-veille*, pour *trois jours*, *dix jours* avant cette époque, et où s'arrêtera-t-on? que deviendraient les dispositions du Code pénal qui protègent les impubères?

Cette première exception entraînerait donc après elle des résultats effrayans; car bien des articles de nos lois sont rédigés de telle sorte, qu'on pourrait même y faire rentrer une infinité de cas qu'elles n'ont pas voulu prévoir. Il suffit à cet égard de jeter les yeux sur les articles 86 et suivans du Code pénal; on pourrait notamment y faire rentrer le crime de *lèse-majesté divine*, que le législateur n'a pas voulu punir et qui n'a pas été défini.

Deuxième exception. « La règle cesse et
» l'extension a lieu, lorsqu'il s'agit d'empê-
» cher que la loi ne soit illusoire. »

Citant ensuite l'article 301 du Code pénal, relatif au crime d'empoisonnement, l'auteur ajoute : « Certainement cette loi doit s'étendre
» au cas où le coupable aurait employé pour
» consommer le crime, du verre pilé, de pe-
» tites épingles répandues dans des mets,
» etc., etc.; car, quoiqu'on ne puisse pas ri-
» goureusement comprendre ces objets sous
» la dénomination de *substances*, ce serait
» donner une interprétation judaïque à la loi,
» que de borner au sens propre le mot qu'elle
» a employé, lorsque son esprit en réclame
» évidemment l'extension. »

On sent que cette deuxième exception ren-
tre dans la première, et l'on voit d'ailleurs que l'exemple est mal choisi. Qui ne sait, en effet, que le mot *substances* est générique et s'applique aux trois règnes, animal, végétal

et minéral? Il y aurait donc dans l'espèce posée véritable empoisonnement, et l'application de l'article 301 serait encourue nécessairement, sans qu'il fût besoin de l'étendre.

Pour qu'une loi pénale *ne devienne pas illusoire*, il faut qu'elle soit clairement énonciative des faits qu'elle incrimine : c'est au législateur *seul* à l'expliquer, si l'expérience prouve son insuffisance; et l'intérêt général, ainsi que la tranquillité publique, ne peuvent jamais à cet égard être réellement compromis ; car rien de plus facile que de rendre promptement une loi pour prévenir le renouvellement des crimes qui n'auraient pas encore été prévus, ou qualifiés assez clairement par les lois antérieures.

Troisième exception. « L'extension a lieu » entre deux matières égales aux yeux de la » loi, ou assimilées par elle. »

Rapportant ensuite l'article 381 du Code pénal relatif aux vols commis avec violence et les circonstances les plus aggravantes, l'auteur ajoute :

« On demande s'il y aura lieu à appliquer

» cet article dans le cas où , au lieu de con-
» sommer directement et matériellement un
» vol , le coupable aurait , avec toutes les
» circonstances prévues , contraint un indi-
» vidu à lui souscrire des billets ou des quit-
» tances tendant à le libérer. Il faut décider
» que la loi s'étend aussi à ce cas. En se fe-
» sant souscrire des billets ou des quittances,
» avec les circonstances prévues , le coupable
» a consommé le même crime que s'il eût
» volé réellement le montant de ces billets
» ou de ces quittances ; car , *qui actionem*
» *habet , rem ipsam habere videtur.... »*

Cet exemple est encore inapplicable. D'a-
bord , le cas supposé est prévu par l'article
400 du Code pénal ; mais , de plus , en admet-
tant qu'il ne le fût pas , il ne saurait être compris dans l'article 381 , et l'axiome, *qui actionem habet* , etc. , très-vrai en matière
purement civile, ne peut aucunement justifier
l'extension qu'on voudrait faire admettre ;
car , entr'autres raisons, la personne que l'on
aurait contrainte pourrait toujours excepter
de la fraude, de la violence , etc.

Quand il s'agit de vol d'effets mobiliers ordinaires, comme d'argent monnayé, de bijoux et autres objets qui n'ont pas de suite, le cas est bien différent de celui d'enlèvement de billets ou actes libératoires, qui ne peuvent être d'aucune utilité pour le détenteur, s'il ne les oppose à celui qui les a souscrits. C'est sans doute ce qui a motivé la différence admise par le législateur dans les articles 381 et 400 du Code pénal.

On voit, par cet exemple, que cette troisième exception est une nouvelle subtilité qui ne peut être admise, et remarquez même qu'il ne s'agirait de rien moins, dans ce cas, que d'étendre la peine capitale.....

Quatrième exception. « L'extension a lieu
» lorsqu'une loi interprétative ou déclarative
» d'une loi antérieure, ne s'exprime que pour
» un cas qu'elle donne pour exemple ; elle
» doit s'entendre également de tous ceux
» qu'elle n'a pas exprimés et qui se trouvent
» compris dans la disposition de la loi pré-
» cédente. »

« Tel serait le cas où elle déclarerait que
» sa disposition pénale ne doit pas s'entendre

» du meurtre commis par un fou ; il est évi-
» dent que cette exception s'étendrait au cas
» de blessures ou d'injures de la part du fou,
» quoique la loi ne s'en fût pas expliquée. »

Quoiqu'au premier aperçu cette exception présente quelque chose de spécieux, on voit bientôt qu'elle ne s'appuie que sur une supposition, et que l'auteur a imaginé un cas qui ne peut se présenter.

En effet, le principe posé par l'article 64 du Code pénal, et qui a été pris pour exemple, est général, et lors même qu'une loi postérieure ne rappellerait pas ce principe, il n'en devrait pas moins être appliqué, parce qu'il n'y a ni crime ni délit où il n'y a point de volonté. Il en serait de même de toutes les lois interprétatives ou déclaratives de lois antérieures, et à défaut de clarté ou de précision dans la loi interprétative ou démonstrative, il faut, jusqu'à *explication légale*, appliquer la maxime *odia restringenda*, ce qui n'est pas étendre la loi pénale.

Cinquième exception. « L'extension a lieu
» lorsque la loi pénale emploie dans de cer-

» tains cas le singulier, et qu'il est dans son
» esprit qu'elle s'entende au pluriel, et réci-
» proquement. »

Pour exemple, l'auteur cite les articles 364
et 365 du Code pénal sur le faux témoignage
et la subornation de témoins : il aurait pu en
citer beaucoup d'autres.

Il était à notre avis superflu de créer une
exception pour les cas indiqués : le sens de la
loi ne peut être douteux, qu'elle parle au singulier ou au pluriel ; quand elle dit, *le faux
témoin*, c'est comme si elle disait, *tout* faux
témoin, ou *chaque* faux témoin, etc.; ce ne
serait donc qu'une querelle de mots, qui ne
mérite pas une réfutation plus sérieuse.

Sixième exception. «Enfin l'extension des
» lois pénales sera généralement autorisée,
» lorsqu'elles auront été rendues soit pour la
» conservation et le repos de la société, soit
» pour réprimer les crimes et délits contrai-
» res à l'équité naturelle, comme le vol, l'a-
» dultère, l'homicide, etc., etc., pourvu qu'il
» y ait identité de motifs ou motifs plus forts,
» quoique entre personnes différentes. »

A l'aide de cette dernière exception, qui renferme évidemment toutes les autres, et qui est un développement de l'interprétation forcée donnée par l'auteur à l'article 4 du Code pénal et que nous avons référée plus haut, on voit qu'il n'y a aucune loi pénale qui ne pût être arbitrairement étendue; car toutes les lois de cette nature rentrent dans les deux grandes catégories, *intérêt général, intérêt particulier*. Ainsi, à l'aide de quelques mots, serait détruite une partie de nos garanties sociales, si péniblement conquises par trente années de déchiremens politiques, et consacrées par la Charte constitutionnelle, ce précieux fruit de la sagesse et de l'expérience !

Il nous eût été facile, sans doute, d'appuyer notre réfutation de nombreuses autorités et des monumens d'une jurisprudence constamment uniforme ; mais nous avons pensé qu'il suffirait de rappeler les principes fondamentaux de notre législation pénale, et que les réflexions du lecteur suppléeraient à ce que nous pourrions avoir omis.

Nous nous sommes étendus sur ce point, à cause de l'importance de la matière, quoique l'article 4 du Code pénal nous paraisse suffisamment explicatif : cependant, pour éviter à l'avenir la reproduction de toute doctrine d'*interprétation* ou d'*extension* des lois pénales, on pourrait ajouter quelques mots à la rédaction de cet article. (*a*)

Art. 7 et suiv. Inutile de parler de la *confiscation*, qui a disparu sans retour à la promulgation de la Charte : il devrait en être ainsi de la *marque*, qui ne souillait pas le Code de 1791. En 1818, un ukase de l'empereur de Russie a supprimé toute flétrissure corporelle dans ses états.

(*a*) Nous croyons devoir présenter ici quelques observations sur l'esprit général du *Traité de l'interprétation des lois*.

L'auteur, se rendant l'apôtre de doctrines obscures et qui ne peuvent convenir qu'à un gouvernement absolu, semble être demeuré étranger à la régénération de nos lois, et feint d'ignorer les immenses et mémorables travaux de nos Assemblées législatives. Dans un aperçu historique qu'il donne du droit français, il s'étend avec complaisance sur les anciennes ordonnances de nos rois, la plupart empreintes de la rouille des préjugés, ou déshonorées par des dis-

Quoique les autres peines soient fort multipliées, on sent que dans l'échelle adoptée par le législateur, elles deviennent nécessaires pour établir une gradation indispensable-; plusieurs de ces peines, comme la *dégradation civique* et l'*interdiction correctionnelle*, sont heureusement imaginées : quant aux autres pour la plupart, un bon régime légal des maisons de force et prisons est tout ce qu'on peut désirer.

La *déportation* et le *bannissement* ont été l'objet de beaucoup de critiques; cependant ces peines peuvent être considérées comme bien adaptées à certaines infractions graves,

---

positions de la plus grande cruauté : parmi ces dernières, il n'oublie pas la révocation du fameux édit de Nantes; mais en revanche il ne dit pas un mot de l'institution du jury, de la publicité des débats en matière criminelle, ni de la révolution complèto opérée dans notre système de pénalité. Dans son superbe dédain, il ne considère notre Code civil même que comme une loi transitoire ; pour remplir ses vues, il faudrait sans doute rentrer dans l'inextricable chaos des législations coutumière, féodale et canonique, et en revenir au temps où les peines étaient arbitrairement prononcées par le juge *seul*, quoique non écrites dans la loi. . . . .

résultats importans , celui d'arrêter les accusations trop légèrement formées. En Angleterre , on ne poursuit jamais quand il n'y a pas plainte de la partie lésée , sauf les cas où l'ordre public est *vraiment* compromis.

L'Etat devrait aussi faire tous les frais des poursuites qu'il intente ; car il perçoit des amendes qui doivent couvrir ces frais , et d'ailleurs il doit faire jouir les citoyens d'une bonne police ; c'est la dette la plus sacrée d'un Gouvernement. Nos lois fiscales ont bien méconnu ce principe , car la partie civile est toujours passible des frais : les chances de réciprocité de gain ou de perte devraient tout au moins être égales.

Art. 56 , 57 et 58. Les peines de la récidive portées par ces articles sont trop fortes : on pourrait leur appliquer l'article 463 étendu comme nous l'avons proposé , avec quelques modifications ; car celui qui tombe en récidive est plus coupable que s'il n'avait jamais failli.

L'ordonnance de 1670 permettait aux juges, en cas de récidive , d'apprécier les circonstances : le Code pénal actuel, qui exclut cette faculté et va jusqu'à la peine de mort, est plus sévère que tout ce qui avait existé sur ce point avant lui.

Il est à remarquer en outre que le Code n'exige pas l'identité du crime ou délit, ni que la peine encourue par le second fait soit de même nature que la première, ce qui est une imperfection grave, et fait sentir la nécessité d'établir quelques distinctions à cet égard, basées sur la gravité relative des infractions.

Art. 59 et suiv. Le complice de tout fait d'infraction commis par un fonctionnaire public devrait subir une peine moindre que celle infligée à l'auteur principal, qui à cause de sa qualité est plus coupable. Cette distinction existe déjà en matière de faux : elle devrait être généralisée.

Si la peine du parricide était maintenue, la même distinction devrait être appliquée à son complice, qui pourrait aussi invoquer le bénéfice de l'article 321, quoique le crime de parricide ne soit pas excusable pour l'auteur principal ; car le complice n'est dans ce cas qu'un simple meurtrier, ou tout au plus un assassin.

Il paraîtrait également naturel d'étendre l'exception de l'article 63 à tous les vols qualifiés et aux cas prévus par l'article 62 : à vrai dire, le recélement n'est devenu constitutif de la complicité que par une fiction de la loi. Il est bien dur en effet de condamner par exemple, comme complice, le recéleur d'objets volés avec des circonstances aggravantes qu'il ignorait. *Il ne faut punir personne pour le fait d'autrui ou pour un fait qui n'était pas à sa connaissance :* ce principe a été mis en oubli.

Rapprochant ces articles de l'article 248, il est à remarquer qu'on peut être puni de mort pour avoir recélé un objet volé, à l'aide d'un meurtre, et qu'on ne sera puni que d'une peine correctionnelle pour avoir recélé le meurtrier qui aura commis le vol dont on a pu profiter ; c'est une incohérence à faire disparaître, quoiqu'il n'y ait pas parfaite similitude dans les deux cas, à cause de la *dénonciation* de l'individu recélé, action qui répugne à nos mœurs.

Ce n'est également qu'une peine correctionnelle que prononce l'article 359 contre celui qui recèle le cadavre d'une personne homicidée.

Art. 64. Quant à la démence, on ne doit pas entendre cet article dans un sens trop restreint. Il suffit qu'il soit constant qu'au temps de l'action l'individu ne jouissait pas de ses facultés intellectuelles : aller plus loin, ce serait ajouter à l'esprit de la loi, qui n'est peut-être pas assez explicative.

L'homme qui vole du pain, quand il est poussé par la faim et qu'il ne possède aucune ressource, n'est-il pas contraint par une force majeure ? La loi ne pourrait-elle pas prévoir quelques cas de cette nature, quoiqu'en général on entende par *force majeure* une impulsion étrangère ?....

Art. 65. L'*ivresse* devrait être considérée, en certains cas sagement déterminés, comme excuse absolue ou relative. Il faudrait distinguer l'ivresse habituelle, celle accidentelle, celle qui a eu pour but de commettre ou de faire commettre un crime, etc., etc. Les Codes

autrichien, *prussien* et *bavarois*, admettent
cette excuse avec des restrictions plus ou
moins sages. Notre Code est muet sur ce
point ; c'est une véritable omission.

Il a beaucoup restreint les cas d'excuse que
le Code de l'an 4 avait laissés à la sagacité
des juges et des jurés ; sous ce nouveau point-
de-vue, il a encore fait rétrograder la législation. Il est vrai que toutes les excuses,
même non légales, rentrent dans la moralité
des faits soumis à la décision du jury ; il est
vrai aussi que, par la facilité de graduer les
peines dans les limites du *maximum* et du
minimum, ce mal a été atténué : il disparaîtrait tout-à-fait, si l'on admettait l'article
de modération dans les peines dont il a été
parlé plus haut.

Art. 66 et suiv. Peut-être y aurait-il quelque chose à atténuer dans ces articles, en
distinguant entre les enfans de 16 ans, et
ceux de 17, 18, etc., jusqu'à la majorité de
21 ans.

La première section du livre 3 (art. 75 à
85) renferme des dispositions justes et né-

cessaires ; mais il n'en est pas ainsi de la sé-
ction suivante, qui traite des crimes contre
la *sureté intérieure de l'Etat.*

Cependant cette première section contient
bien des vices de rédaction.

On remarque dans l'article 76 et plusieurs
autres, des expressions vagues, comme celles
de *machinations , manœuvres , intrigues,
artifices ,* qui auraient dû être définies, pour
éviter tout arbitraire.

L'ARTICLE 77 n'est que démonstratif et point
limitatif, ce qui est toujours dangereux en
semblable matière.

L'ARTICLE 78 eût dû faire exception pour
les *correspondances commerciales ,* et on
sent le danger qui peut résulter de cette non-
exception , d'autant plus que les expressions
situation politique sont beaucoup trop in-
déterminées.

Enfin l'ARTICLE 85 est tellement vague ,
qu'il en peut résulter les abus les plus déso-
lans. — Passons à la seconde section.

Art. 86. L'assimilation du *complot* à l'attentat est une monstruosité, car ils sont séparés l'un de l'autre par une grande distance de gravité : les mettre sur la même ligne, c'est contrarier le principe de l'article 2 sur la tentative qui est déjà trop sévère. Bien plus, l'article 102, qui exigeait que la provocation fût *directe*, était dans une sorte de contradiction avec l'article 86, quant à l'assimilation du complot à l'attentat.

Art. 87. La peine de mort est tellement étendue par cet article, qu'il multiplie à l'infini les cas assimilés au crime de lèse-majesté, ce crime qui sous Tibère *était, dit Pline, celui de tous ceux qui n'en avaient commis aucun.* Par les mêmes raisons, l'article 90, appliqué à l'attentat, est d'une rigueur exagérée.

Art. 94. Ces mots : *Ont été suivis d'effet,* sont trop peu explicatifs, et devraient être définis d'une manière précise.

Art. 95. Il aurait fallu distinguer les cas de nécessité qui ne peuvent être *crimes :* l'article eut dû expliquer ces cas.

Art. 103 et suiv. *Montesquieu* dit que la non-révélation des crimes doit n'être punie qu'avec les plus sages restrictions. Le Code a mis totalement cette règle à l'écart, et il est d'une rigueur qui rappelle les funestes lois d'*Arcadius* et *Honorius*. La législation anglaise n'admet point de peines semblables. *V. Locke, Blackstone, Delolme.*

On remarque d'abord dans ces articles une disproportion énorme relativement à la personne du chef de l'Etat.

De plus, l'article 103 oblige de révéler le projet des crimes , c'est-à-dire l'*idée* conçue par un seul, *sans résolution d'agir ni concert* avec personne : d'où il résulte que celui qui ne révèle pas un projet est puni , et que celui qui l'aura conçu ne peut l'être , puisque ce projet n'est pas même un complot.

La loi est en outre dangereuse par le court délai qu'elle impartit : elle est en outre tout-à-fait contraire aux mœurs et à la délicatesse publiques. Elle aurait dû tout au plus inviter à révéler les crimes, et point en faire une obligation absolue.

6.

Mais l'article 55 de la Charte constitution-nelle, en portant que:

« La chambre des Pairs connaît des crimes
» de haute-trahison et des attentats à la
» sureté de l'Etat qui *seront* définis par la
» loi, » a réservé au législateur la faculté de
retoucher toute cette partie du Code : s'il se
fût servi du *mode présent* au lieu du *futur*,
il eût consacré l'existence de cette loi, qu'on
n'aurait pu alors refondre sans violer le pacte
fondamental.

Art. 109 et suiv. Les peines de ces articles
paraissent douces comparativement à celles
qui précèdent : elles sont cependant suffisantes;
ce sont les premières qui sont trop dures.
Dans l'article 110 on eût dû employer le mot
infraction au lieu de celui *crime :* la lecture
seule l'indique.

Art. 114 et suiv. Les abus d'autorité et
sur-tout les attentats à la liberté, de la part
de fonctionnaires, sont punis très-légèrement:
si ces attentats à la liberté sont commis par
de simples particuliers, les peines sont beau-coup plus intenses ; on sent que le contraire

devrait être consacré par la loi. D'un autre côté, les abus d'autorité qui s'adressent au pouvoir supérieur, de quelque source qu'ils proviennent, sont punis sévèrement. Les fonctionnaires sont en général considérés par le Code comme des instrumens flexibles à l'aide desquels on peut tendre ou relâcher le ressort, et sont traités en conséquence.

ART. 117. Il est à regretter que cet article ne fixe pas de *maximum* pour les dommages-intérêts.

ART. 120. Ces mots *ordre provisoire* du Gouvernement doivent être remplacés par ceux-ci *ordre légal*, autrement l'article 4 de la Charte serait violé; ce que l'on reconnut parfaitement lors des lois d'exception de 1815, 1816 et 1817, qui suspendirent momentanément la liberté individuelle, et qui sont aujourd'hui abrogées.

ART. 122. Ces mots une *cour spéciale* sont devenus une superfétation depuis la Charte, qui a supprimé ces tribunaux d'exception.

ART. 125. Cet article est inutile et vicieux :

inutile, puisque le complot est défini par les articles 86 et suivans: *vicieux*, sous deux points-de-vue; 1.° si l'on considère le complot comme l'*objet des mesures concertées*, l'article est absurde et cruel, puisqu'il punit la volonté du crime, qui n'est lui-même qu'une volonté préparatoire; 2.° si l'on envisage le complot comme le *résultat des mesures*, il existe, et alors il est volontaire ou indépendant de la volonté de ceux qui avaient concerté les mesures. Dans ce dernier cas, il est odieux de le punir de mort : s'il est volontaire, il est déjà atteint par les articles 86 et suivans.

ART. 126. L'expression *service quelconque* est au moins vague : il faudrait *service légal.*

ABT. 127 à 131. Le vice de ces articles provient de ce que leur base est elle-même vicieuse. Si les pouvoirs étaient bien définis par une loi, ils seraient bons.

En général, le Code, depuis son article 86 jusqu'à l'article 131 inclusivement, devrait être soigneusement révisé: (on devrait aussi revoir les articles 166 à 198.) Il avait été conçu par un homme qui voulait cimenter son pouvoir par toute espèce de moyens. Toutefois, les articles d'atténuation dont nous avons proposé l'établissement, tempéreraient la rigueur de la loi en cette partie comme en toutes les autres: plus on avance dans l'examen du Code, plus on demeure convaincu de la nécessité de ces articles.

ART. 132 et suiv. Les peines pour fausse monnaie sont trop dures, d'autant plus qu'elles sont indépendantes de la valeur de la monnaie falsifiée. On voit aussi avec répugnance que la loi ait étendu à ce crime et à certains cas de faux les peines de la non-révélation.

ART. 177. Les peines de cet article sont évidemment trop fortes, ce qui fut reconnu dès 1811 par un décret du 30 septembre relatif à l'administration de la justice en Illyrie.

ART. 186. Ces mots *motifs légitimes* sont trop vagues; il faudrait *motifs légaux.*

ART. 187. Les peines prononcées par cet article sont trop douces pour l'infraction qu'il qualifie, et les termes qu'il emploie trop restreints.

Art. 197. Le *minimum* de l'interdiction semble trop élevé.

Art. 209. Il n'y a d'attroupement criminel que celui qui a les caractères déterminés par cet article. La rebellion n'existe que dans les actes, et non dans le refus d'obéir ou l'*inertie :* il résulte de la lettre de la loi que les rassemblemens publics et non armés, sans *attaque* ou *résistance* avec *violences* et *voies de fait ,* sont inoffensifs, et par conséquent point défendus.

On ne peut appliquer l'article 291 qu'aux réunions ou rassemblemens dans les maisons: aucune disposition du Code n'interdit ni ne punit les attroupemens ou rassemblemens publics et inoffensifs: ils sont donc permis.

S'ils deviennent séditieux ou tumultueux, de telle sorte que la tranquillité publique en soit *effectivement* troublée, ils doivent sans doute être dissipés par la force, mais jamais sans que l'autorité légale l'ait d'abord ordonné. Un signe extérieur serait pourtant préférable aux sommations prescrites par les lois du 1.ᵉʳ germinal an 3, 27 germinal an 4, et dont la formule est dans la loi du 3 août 1791, parce que ces sommations ne sont pas ordinairement entendues dans le tumulte : le fameux *drapeau rouge* dans la révolution produisait un effet terrible, parce qu'il parlait aux yeux du peuple.

Il est à remarquer que l'article 170 de la loi du 28 germinal an 6, qui est en vigueur, défend toutes violences ou voies de fait à la force armée en cas d'attroupemens, *sauf les cas de rebellion*. Le Code aurait dû sanctionner ces dispositions par des peines contre la force armée qui viendrait à les enfreindre, et en même temps régler ce qui se rapporte aux attroupemens.

Art. 230 à 233. Un individu qui voulant tuer un magistrat, le blesse seulement, est puni de mort; parce que, d'après l'article 2 sur la tentative, c'est comme s'il eût commis le crime.

Si on le blesse, sans intention ni volonté de le tuer, c'est encore la mort qui est encourue, s'il vient à mourir dans les quarante jours. (Art 231.)

Cette disposition est exorbitante du droit commun, et porte sur une base fausse, puisqu'elle prononce la mort contre celui qui n'avait pas intention de la donner, et qui voudrait même empêcher les suites d'une action qui produit des résultats indépendans de sa volonté.

Rapprochant ce même article 231 du 233.ᵉ, il en résulte l'inconséquence que le premier prononce la peine de mort, quoiqu'il ne *présume pas* la volonté de tuer, et que le dernier ne prononce cette peine que parce qu'il *requiert* cette même volonté. Ces dispositions sont donc mal conçues et irréfléchies.

Les mots *chargé d'un ministère de service public*, employés dans l'article 230, sont trop indéterminés et devraient être définis.

Art. 238. Après ces mots *délits de police,* il faudrait ajouter *correctionnelle.* Il ne peut en effet être question dans cet article des simples contraventions : le mot *prévenu* et la nature de la peine l'indiquent d'ailleurs suffisamment.

Art. 248. La raison d'état ou d'ordre public ne justifie pas assez *peut-être* l'obligation de dénonciation indirectement imposée par cet article. *V*. ce que nous avons dit sur ce point à l'article 59 et suiv.

Art. 256. Dans le cas de cet article, les complices du fait d'infraction devraient être moins punis que l'auteur principal, quand ils n'ont pas participé aux violences.

Art. 295. Quelques personnes ont reproché au Code de ne punir ni le *duel* ni le *suicide* : voyons si ce reproche est fondé, et résumons les opinions sur ces deux points.

Le *duel* était inconnu chez les Romains,   Du duel. il n'était pas dans les mœurs du temps : son usage nous vient des Francs nos ancêtres ; c'est le simulacre et une suite du combat judiciaire.

Beccaria pense que la peine de mort contre les duellistes ne peut arrêter ce mal, parce que cette peine ne peut détruire une coutume fondée sur ce que les hommes craignent plus que la mort. Il ajoute que le meilleur moyen

de prévenir les duels serait peut-être de punir
l'agresseur, c'est-à-dire celui qui a donné lieu
au combat singulier, en déclarant innocent
celui qui s'est vu contraint, sans qu'il y eût
de sa faute, de défendre ce que les lois ne
protègent point (*l'opinion*), et de prouver
à ses concitoyens qu'il ne craignait que les
lois et point les hommes.

Bentham trouve qu'à défaut de lois protectrices de l'honneur des citoyens, le duel est
un remède imparfait, mais unique.

Plusieurs autres écrivains politiques rentrent
dans l'opinion de Bentham, en fesant sentir
qu'il faudrait créer ces lois protectrices de
l'honneur: on voit que c'est le fond de l'opinion
de Beccaria.

Parmi ces derniers, M. *Dupin*, dans ses
Observations sur la Législation criminelle,
pense en outre que le duel ne peut être puni
que de peines de flétrissure morale, privation de droits civils, civiques, etc.; c'est en
général l'avis de ceux qui croient que des
lois sont nécessaires pour prévenir les duels,
tant que nos mœurs conserveront l'empreinte

de cette rouille antique, que la civilisation tend journellement à effacer.

Avant 1789, les ordonnances sur les duellistes étaient très-sévères, et contenaient diverses dispositions sur les circonstances qui précèdent ou accompagnent ordinairement les combats singuliers, dispositions dont aucunes ne sont reproduites par nos lois actuelles. Les rois, à leur sacre, juraient de ne pas faire grâce aux duellistes : qu'arrivait-il ? On allait se battre en pays étranger, et jamais la fureur des duels ne fut plus grande.

L'Assemblée constituante, appréciant l'état de l'opinion publique, omit à dessein le duel dans ses lois pénales : une loi du 17 septembre 1792, de l'Assemblée législative, annulle même tous procès et jugemens pour provocation au duel.

La Convention rendit peu après sur cette matière un décret fort remarquable : il est du 29 messidor an 2, et ainsi conçu :

« Après avoir entendu le rapport du co-
» mité de législation sur le jugement de référé

» du tribunal criminel du département de
» Seine-ct-Oise, présentant la question de sa-
» voir si les dispositions de l'article 11 de la
» 4.ᵉ section du Code pénal militaire doivent
» s'appliquer à la provocation au duél par le
» militaire inférieur à son supérieur, hors les
» cas de service ;

» Considérant que l'application de la loi
» doit être restreinte aux cas qu'elle a prévus,
» et que l'article cité ne contient ni sens ni
» exception qui s'applique à la provocation au
» duel ;

» Déclare qu'il n'y a lieu à délibérer ;

» Renvoie à la commission de recensement
» et de la rédaction des lois, pour examiner
» et proposer les moyens *d'empêcher les*
» *duels*, et la peine à infliger à ceux qui
» *s'en rendraient coupables ou les provo-*
» *queraient.* »

Ce renvoi ne fut suivi d'aucun rapport.

En présentant le Code pénal de 1810, les
orateurs du Gouvernement ne parlèrent point

du duel: cependant le rapporteur de la commission du Corps législatif avança qu'il était compris dans les dispositions générales de la loi; mais cette opinion *isolée*, qui ne put être combattue à la tribune alors muette, n'a nullement été suivie dans la jurisprudence, et elle entraînerait des conséquences absurdes, car il serait impossible d'appliquer au duel les articles sur la *tentative*, la *complicité*, la *récidive*, les *coups* et *blessures* volontaires et involontaires, et enfin sur le *meurtre* et *l'assassinat*, (qui ont été conçus et rédigés dans un tout autre objet,) sans arriver à des résultats vraiment effrayans.

Il est bien entendu cependant que nous ne parlons que des cas de duel qui ne sortent pas des règles de la loyauté: hors ces cas, le *fait* est crime ou délit puni par le Code pénal, suivant son caractère.

Ce Code n'a donc pas puni le duel exécuté avec loyauté, et s'il était dans l'intention du législateur d'alors de le faire, lui qui ne pouvait ignorer l'état des lois sur ce point, ce ne pouvait être que par une loi spéciale qui n'a jamais été portée. La cour actuelle des Pairs elle-même, dans la fameuse affaire du sieur *Bourgevin Vialart de Saint-Moris*, a reconnu que le duel n'était pas puni par les lois en vigueur, et qu'on ne pouvait conséquemment poursuivre les témoins comme complices.

L'expérience qui a prouvé depuis long-temps que les mesures prohibitives des duels en fesaient augmenter le nombre, montre assez que le remède de ce mal doit se trouver ailleurs que dans les lois répressives. Les usages sociaux l'ont beaucoup atténué, et l'on voit combien grande était déjà la différence du préjugé sur ce point sous Louis XVI, comparativement à ce qui se pratiquait en remontant de deux ou trois règnes. L'habitude barbare de porter des armes à la ville, dans les maisons, à l'église même, multipliait autrefois les occasions de querelles : la mode actuelle des vêtemens, qui exclut le port d'armes, a eu une grande influence sur la diminution des duels ; le temps qui s'écoule pendant qu'on va chercher des armes, en fait aujourd'hui avorter le plus grand nombre, en donnant aux sens le temps de se rasseoir, et à l'homme en colère l'occasion de salutaires réflexions.

Il est sans doute plus sage d'imiter le silence des législateurs de 1791 et de 1810, que d'essayer à y suppléer : c'est au temps et à la morale à achever un ouvrage qu'ils ont déjà commencé. Une loi sur cette matière délicate est d'ailleurs plus épineuse à faire qu'on ne semble le croire généralement ; mais si on le tente, elle ira certainement en sens inverse de son but, si elle prononce des peines corporelles, que le préjugé fera toujours braver, et si elle ne se borne pas à des peines d'opinion.

Quant au *suicide*, il a des caractères fort différens de ceux du *duel*. Dans la plupart des cas, on peut le considérer comme une maladie ou une suite sanglante de l'aberration mentale : en Angleterre, par exemple, le climat cause le *spleen* et par suite beaucoup de suicides ; c'est en général une sorte d'acte de frénésie, quelque en puisse être la cause ou le motif. Cependant, dès que la vie n'est rien pour un homme, il est le maître de celle des autres, car il n'y a souvent qu'un pas de l'envie de mourir au crime de tuer, et c'est principalement sous ce point-de-vue que le suicide intéresse la société, et que quelques législateurs ont cru devoir s'en occuper.

Du suicidé.

La loi romaine punissait le suicide qui avait eu lieu par le désespoir de quelque crime, et conséquemment dans la crainte du châtiment légal ;

La loi grecque, quand il avait eu lieu par faiblesse.

Les autres cas de suicide n'étaient pas prévus, et la différence de ces deux législations fait juger de l'esprit des deux peuples.

Nos anciennes ordonnances sur le suicide, qui était considéré non-seulement comme un crime envers les lois humaines, mais encore envers les lois divines, étaient d'une sévérité extrême.

Mais les législateurs de 1791 et tous ceux qui se sont succédés jusqu'à ce jour, ont pensé que si les lois doivent faire honorer la divinité, elles ne doivent la venger jamais : ils ont également pensé que le suicide ne pouvant constituer une véritable infraction à l'ordre public, ni causer de dommage réel à autrui, les lois pénales ne doivent point atteindre les actes de cette nature : aussi sont-elles absolument muettes à cet égard: la jurisprudence l'a constamment reconnu.

Les moralistes et les publicistes les plus graves sont sur ce point pleinement d'accord avec la législation qui nous régit.

Beccaria dit que le suicide ne peut être ni crime ni délit, puisque le châtiment ne peut tomber que sur une famille innocente ou sur un cadavre inanimé. Dans le premier cas, ce châtiment est injuste et tyrannique, puisque où les peines ne sont pas personnelles, il n'y a pas de liberté: dans le second cas, l'impression du supplice est au fond la même que si on battait ou mutilait une statue. Ce châtiment n'a donc pas les caractères qui doivent constituer des peines bien établies, et qui ont été déterminés plus haut.

De plus, ajoute le même auteur, l'homme qui quitte volontairement la société en se tuant, lui fait moitié moins de tort que celui qui abandonne son pays: punirait-on celui-ci comme d'un crime; que deviendrait la liberté?...

En un mot, le suicide est une sorte de larcin fait à la société et un attentat à la morale et à la loi naturelle : il n'a pas les caractères du *crime* ni du *délit*, quelque repréhensible qu'il soit sous d'autres rapports.

Zénon, Plutarque, Senèque, dans ses lettres à *Attilius, saint Thomas, Montaigne*, l'abbé *de Saint-Cyran*, dans un traité spécial, et cent philosophes, approuvent même le suicide. La plupart des écrivains qui le condamnent s'appuient sur des motifs de religion, tirés du droit canonique, motifs que nous respectons, mais dont nous ne pouvons ni ne devons nous occuper ici.

Que faut-il conclure de cet état des choses? C'est, tout au moins, que ce mal, abstraction faite des cas d'aliénation des facultés intellectuelles, presque toujours supposable en pareille occurrence, est encore plus que le *duel* dans le domaine de l'opinion et de la morale, et que si dans le premier cas de bonnes lois répressives ou préventives sont si difficiles à faire, elles sont à vrai dire impossibles pour le suicide : c'est aux médecins du corps et de l'ame à s'en occuper; le législateur doit s'en abstenir.

Art. 300. L'*infanticide* est puni trop sévèrement. La loi n'a pas assez d'égard à la position des malheureuses mères, souvent placées entre la honte, le désespoir et la misère, et qui dans le moment de l'accouchement sont presque toutes dans le délire ou la détresse.

La peine de mort est évidemment disproportionnée à l'infraction : il en résulte des décisions dans lesquelles le jury manque à sa conscience, ce qui est à la longue un mal fort dangereux.

En général, la crainte de la honte étant la cause de l'infanticide, il faudrait réprimer ce crime par une plus grande honte.

Le meilleur moyen de le prévenir, serait d'assurer la protection des lois à la faiblesse du sexe, en prenant des mesures de précaution pour l'accouchement des *filles-mères*.

On pourrait à cet égard établir la nécessité des déclarations de grossesse, à un magistrat qui les tiendrait cachées sous de fortes peines, sauf les cas où on ne lui ferait pas connaître les résultats de l'accouchement. — Le Code

Fréderic contient dans son article 887 des dispositions sages sur les moyens de prévenir les infanticides, sans flétrir les filles-mères.

ART. 309. La base fixée par cet article pour la durée de la maladie ou de l'incapacité de travail est vicieuse : on sent, en effet, qu'elle dépend de la force de l'individu frappé, de sa plus ou moins grande susceptibilité, souvent du hasard, qui a fait porter le coup sur une partie qu'on ne voulait pas atteindre, de la plus ou moins grande capacité de l'homme de l'art appelé, et même de la bonne ou mauvaise intention du blessé ou malade.

Cette base est pourtant préférable à celle qu'avait admise le Code de 1791; mais la nécessité de l'article général d'atténuation proposé se fait puissamment sentir pour régulariser l'application de l'article 309.

Cet article et ceux qui le suivent devraient prévoir les cas où la mort aurait suivi des coups qui n'ont pas été portés avec l'intention de tuer : assimiler ces cas au meurtre ou *homicide volontaire* punis par l'article 295, serait renverser le principe qui veut qu'il n'y ait crime que quand le fait est réuni à l'intention; cependant on sent que la peine doit être plus forte que celle encourue quand les coups ou blessures ont causé seulement *interruption de travail*.

ART. 311. Le minimum, dans cet article, est trop élevé : il ne fait d'ailleurs aucune distinction pour les cas de provocation *non violente*, ou autres circonstances qui peuvent ne pas paraître atténuantes et cependant être trop punies par un mois de prison.

Il n'est pas non plus parlé des mauvais traitemens envers les ascendans autrement que par coups et blessures, ni des excès auxquels peuvent se livrer les pères et mères à l'égard de leurs enfans, etc. : ce sont de vraies lacunes.

ART. 319 et 320. La généralité et le vague de ces articles, qui peuvent s'appliquer même aux cas où il n'y a pas eu *volonté*, sont en contradiction évidente avec les principes des articles 64 et suivans. Les articles 1382, 1383 et 1384 du Code civil en remplissent d'ailleurs l'objet, du moins quant à la réparation du dommage causé; mais si on les conservait sous le rapport de la vindicte publique, on devrati leur donner une rédaction plus claire et plus précise, en modifiant les peines, qui paraissent bien dures.

ART. 326. On sent à la simple lecture des dispositions de cet article, qu'il n'établit aútre chose qu'une réduction ou commutation de peines ; mais, en supposant qu'on dût maintenir tous ceux qui le précèdent immédiatement, il est incontestablement trop sévère, car les circonstances de la résistance sont plus ou moins graves, et il existe bien des cas où l'action de repousser l'escalade par exemple, ou la violence qui suit instantanément une provocation, etc., ne doivent entraîner aucune peine. Il faudrait baisser considérablement le *minimum* d'emprisonnement et le rendre même facultatif, pour atteindre plus justement les différens degrés de culpabilité.

ART. 330. Quelques criminalistes ont pensé que le viol devrait être puni de la mutilation : une loi de *Guillaume-le-Conquérant* l'ordonnait. La castration était dans l'ancienne Egypte la peine de l'adultère. *Diod. de Sicile, liv.* 1.ᵉʳ Les lois romaines prononçaient aussi

la peine de la mutilation en certains cas. V.
le Code Justin. liv. 3, tit. 53 ; liv. 9, tit. 9.

Mais l'intérêt de l'humanité et celui de la
société s'y opposent : la castration est justement qualifiée crime par le Code actuel , art.
316.

Il est à remarquer sur les articles relatifs
aux attentats à la pudeur , qu'en général ils
pèchent par la rédaction et sont incomplets ,
ce qui donne lieu à beaucoup de difficultés
dans leur application : il serait nécessaire de
les refondre et de mieux préciser les cas et
les circonstances aggravantes.

Art. 379 et suivans. Les vols sans violences
ni autres circonstances aggravantes devraient
en général n'être punis que de peines pécu-
niaires, si la chose était toujours praticable.

Le défaut du Code , sur ce point , est de
ne pas faire attention à la valeur des objets
volés , et de ne s'attacher qu'aux *circonstances :* cependant il y aurait peu de chan-
gémens à y faire.

Le vol sans violence, effectué sur chemin public, est puni trop sévèrement. L'article 383 doit être réformé, il est trop peu explicatif: il ne distingue pas si le vol a eu lieu le jour, la nuit, avec ou sans armes, etc., etc.: il paraîtrait nécessaire de rappeler les circonstances de l'article 581, et de graduer la peine d'après le concours de ces circonstances ou de quelques-unes d'elles.

Dans les cas d'application des articles 381 n.° 3 et 385 n.° 3, il serait juste aussi de n'appliquer la peine aux complices que quand il aurait été prouvé qu'ils savaient que l'un d'eux était porteur d'armes cachées.

Art. 386. Cet important article a été étendu par la jurisprudence et un avis du Conseil d'Etat, aux *cafés*, *cabarets*, etc. ; il devrait aussi, par analogie, l'être aux *boutiques*, les mêmes motifs le rendent nécessaire ; une modification légale est donc désirable. Sa sévérité devient souvent excessive à cause de l'exiguité des vols, notamment de ceux commis dans les ateliers : une peine correctionnelle serait suffisante le plus souvent. La loi du 25 frimaire an 8 était bien moins sévère.

Art. 390. La définition de la *maison ha-bitée* a donné lieu à quelques difficultés sé-rieuses, parce que cet article est démonstratif et non limitatif, ce qui est toujours dangereux dans une loi pénale. D'après la jurisprudence admise, on considère notamment comme *dépendance d'une maison habitée*, un jardin clos qui est attenant à la maison ; mais, comme rien ne détermine l'étendue de cette sorte de dépendance, et que la nature de culture du terrain renfermé est évidemment indifférente, il en résulte qu'on devrait, dans le même système, considérer comme dépendance d'une maison habitée un parc renfermé qui y serait attenant, quelle que fût son étendue. On sent que c'est une extension arbitraire donnée à la loi : pour éviter ce grave inconvénient, il fau-drait retoucher l'article 390 et le rendre limi-tatif.

L'on devrait de plus assimiler à la *maison habitée* les édifices à l'usage du public, comme les *bourses de commerce*, les *salles de spec-tacle* et les *églises* ou *temples* destinés à l'exer-cice des cultes, et qui méritent une protec-tion spéciale.

Art. 393. Il y aurait quelque chose à ajouter

à la définition de l'*effraction;* car, en rapprochant cet article du second alinéa de l'article 596, on ne voit pas pourquoi, après avoir parlé de l'enlèvement des *caisses, boîtes* et *ballots,* on n'a pas notamment indiqué les *futailles* propres à mettre les liquides ou autres objets : ce sont en effet des caisses ou boîtes d'une espèce particulière, il est vrai, mais susceptibles, comme les autres, d'être enlevées avec ce qu'elles contiennent, et qui peuvent d'ailleurs être brisées pour voler ce qui s'y trouve enfermé.

Art. 597. Cet article, pour être bien entendu, doit être mis en regard de l'article 591 qui définit ce qu'on doit qualifier *clôture,* puisque *l'escalade* se constitue par l'action de passer ou de s'introduire malgré *toute clôture.*

Il en résulte qu'il y a *escalade* dans le sens de la loi, quand par exemple on s'est introduit dans un jardin ceint de fossés qui par leur vétusté ou leur dégradation sont réduits au niveau du sol et conservent seulement l'apparence de leur destination primitive : il en résulte aussi qu'il y a également *escalade,* quand on est entré par la brèche d'un mur tombé de vétusté et qui de fait ne clôt plus le terrain qu'il était destiné à renfermer.

Il nous semble que ces résultats, que la jurisprudence a consacrés, sont des plus fâcheux. Il ne devrait y avoir lieu d'admettre la circonstance aggravante de *l'escalade*, que lorsqu'on aurait été obligé d'employer des moyens extraordinaires pour franchir la clôture. L'article 397 doit donc être révisé : on voit que par sa contexture actuelle il entraîne souvent des conséquences déraisonnables et injustes.

Art. 398. La loi aurait dû punir comme usage de *fausses clefs*, l'usage d'une clef véritable soustraite au propriétaire ou perdue par lui.

Art. 401. Cet article a beaucoup trop élevé le minimum et le maximum de l'emprisonnement; la loi du 22 juillet 1791 était bien moins sévère ; elle ne prononçait que 2 ans d'emprisonnement.

Art. 434 et suiv. L'incendie, l'inondation et certaines destructions ne sont des infractions graves que lorsqu'il y a eu attentat aux

personnes : autrement , ce ne sont que de
simples dégâts. La loi est trop sévère et ne
distingue pas les circonstances. Aux Etats-
Unis , on admet les différences que nous/ in-
diquons.

Art. 464. On reproche en général au 4.ᵉ
livre du Code pénal, de ne pas avoir amélioré
les lois précédentes sur la simple police, et
sur-tout d'être incomplet en cette partie. En
effet , il aurait pu, en abrogeant les lois antérieures sur la matière, réunir en un seul
corps complet toutes les dispositions éparses,
ou comprendre dans une disposition générale
toutes les contraventions non désignées spécialement par lui. Cependant ce reproche est peu
important: la classification actuelle est bien
supérieure d'ailleurs à ce qui existait antérieurement, et on a dû se borner à des principes
qu'il ne fallait peut-être pas trop multiplier....

Pour clore cet examen rapide du Code pénal et mieux faire apprécier la nécessité des
changemens proposés , nous allons donner
l'énumération des peines multipliées qu'il
prononce.

Matières criminelles. — La *mort ;* les *travaux forcés à perpétuité ;* la *déportation ,* qui est aussi une peine perpétuelle ; les *travaux forcés ,* de cinq à vingt ans ; la *reclusion ,* de cinq à dix ans ; le *bannissement ,* de cinq à dix ans ; le *carcan ;* la *dégradation civique.*

La *mort civile ;* l'*amputation du poing ;* la *marque ;* l'*exposition publique ;* l'*interdiction légale ;* l'*éloignement de deux myriamètres du lieu où on a frappé un magistrat ,* de cinq à dix ans ; la *mise en surveillance ,* qui peut être pour toute la vie , et le *cautionnement ;* la *mise à la disposition du Gouvernement ;* l'*amende ;* la *contrainte par corps ;* la *confiscation spéciale* du corps du délit ; les *restitutions* et *dommages-intérêts ;* les *frais.*

Matières correctionnelles. — L'*emprisonnement ,* de six jours à dix ans , suivant les cas ; la *mise dans une maison de correction* pour les condamnés de moins de 16 ans (également applicable au *criminel*) ; l'*interdiction à temps* de certains droits civiques, civils et de famille ; l'*amende ;* la *contrainte* *par corps ;* la *mise en surveillance* et le *cautionnement ;* la *mise à la disposition du Gouvernement ;* l'*éloignement de deux myriamètres du lieu où on a frappé un magistrat,* de cinq à dix ans; la *réparation d'honneur ;* l'*interdiction de la puissance paternelle ;* la *confiscation* du corps du délit; les *restitutions, dommages-intérêts* et *frais.*

MATIÈRES DE SIMPLE POLICE. — L'*emprisonnement* d'un à cinq jours; l'*amende* d'un à 15 francs; la *confiscation spéciale ;* la *contrainte par corps ;* les *frais.*

On voit que plusieurs peines sont suscéptibles d'être prononcées au grand comme au petit criminel; les amendes, d'après le Code, peuvent être portées jusqu'à 20,000 fr. (Les nouvelles lois sur la presse les ont encore élevées plus haut.)

Quoique 'toutes les punitions ci-dessus détaillées n'aient pas le nom de *peines* proprement dites, elles n'en ont pas moins le caractère et les effets pour les condamnés, et l'on sent qu'avec l'aide du *maximum* et du *mi-*

nimum, le législateur de 1810 a organisé un système de répression aussi vaste qu'arbitraire.

Nous avons reconnu quelles sont les princi- IV. Conclusion.
pales imperfections que l'on remarque dans le Code pénal de 1810, et qui déjà ont été relevées, pour la plupart, dans différens ouvrages sur le droit criminel. Un très-petit nombre d'articles nouveaux ou quelques légers changemens dans ceux qui existent déjà les feraient disparaître, et, nous ne saurions trop le répéter, la plus grande partie même de ces taches de détail, ainsi que celles que nous pouvons avoir omises, seraient effacées par le développement de la disposition générale de l'article 463.

L'on pensera cependant peut-être (et nous ne pouvons nous dissimuler cette objection qui paraît sérieuse), qu'il résulterait de nos réformes appliquées à l'état actuel du Code, une trop grande latitude pour le juge dans l'application de la peine, et que l'extension de ce pouvoir, déjà excessif, aurait des inconvéniens graves.

Nous répondrons que jamais le danger en

semblable matière ne se trouve dans le pouvoir
de *réduire* et *d'atténuer* les peines, sur-tout
quand ce pouvoir est réglé et limité par la loi,
mais bien dans celui de les *aggraver* : c'est
donc cet inconvénient majeur qu'il faut chercher à faire cesser.

Un moyen fort simple pour obtenir ce résultat se présente : il consisterait à faire poser,
dans les cas que déterminerait la loi, la question de savoir si le jury estime que l'article
d'atténuation doit être appliqué; car nous ne
pouvons nous accoutumer à l'idée que le jury
ne doive pas s'occuper du résultat possible de
ses déclarations. Ainsi disparaîtraient sans
retour les craintes d'arbitraire de la part des
juges; ainsi serait détruit dans sa source le
mal des condamnations odieuses et des acquit-
temens scandaleux.

Mais ce dernier point de réforme, ainsi que
l'extension nécessaire de la compétence du
jury et les lois organisatrices de son indépen-
dance, rentrent plus spécialement dans la
procédure criminelle, complément indispensable des lois pénales et qui doit être
coordonné avec elles: nous n'avons point à

nous occuper ici des améliorations importantes qu'elle réclame si impérieusement.

Toutefois, et même dans l'état actuel des choses à cet égard, avec l'institution du jury, toute imparfaite qu'elle puisse être encore, appuyés sur les principes de droit public consacrés par la Charte, et sur-tout à l'aide de la presse, ce moniteur incorruptible du pouvoir, nos lois pénales ne peuvent manquer d'atteindre bientôt à la perfection dont elles sont susceptibles et que les lumières du siècle ont dès long-temps préparée. Un Gouvernement sage et légitime, qui veut ne devoir sa force qu'à l'amour des peuples et son pouvoir qu'à la justice, opérera cet utile perfectionnement et ira ainsi au - devant des vœux d'une nation généreuse, accoutumée à marcher à la tête de la civilisation européenne. . . . . Heureux si nos recherches dans ce faible essai pouvaient fournir quelques idées utiles aux hommes d'état qui attacheront leurs noms à ce monument de vraie gloire nationale !

FIN.

B.

C.

D.

grande , 93. L'Assemblée constituante omit le duel à dessein dans ses lois. — L'Assemblée législative abolit tous procès et jugemens sur ce point. — La Convention parut vouloir s'en occuper, mais ne le fit pas, 93 et 94. En présentant le Code de 1810, les orateurs du Gouvernement n'en parlèrent pas, 94. Le rapporteur du Corps législatif seul prétendit que le duel était puni par le nouveau Code, mais cette opinion isolée est inadmissible et n'a pas été suivie, 95. Cependant si le duel n'est pas exécuté avec loyauté, le fait peut rentrer dans l'application de la loi commune, *id.* La Cour des Pairs a reconnu que le duel n'était pas puni par nos lois, 96. Le remède de ce mal doit se trouver ailleurs que dans la législation. — Les usages sociaux tendent chaque jour à l'atténuer, *id.* C'est au temps et à la morale à achever sur ce point l'ouvrage de la raison, 97. Toute loi sur cet objet délicat est fort épineuse à faire. — Il est sans doute plus sage d'imiter le silence des législateurs qui se sont succédés depuis 1791, que de chercher à y suppléer, *id.*

E.

F.

G.

M.

par le juge en la peine de la déportation , 53. Le Code pénal, article 57, la commue lui-même en certains cas , 54. Le décret du 1.er mai 1812 la commuait également, *id.* Est extrêmement étendue par l'article 87 du Code, 82. Est prononcée contrairement aux principes sur la *volonté* par les articles 231 et 233, 89 et 90.

Mutilations. Ont disparu de presque tous les Codes des peuples policés, 17. V. *Marque* et *Flétrissure*. La *castration* est en contradiction avec les intérêts de la société et de l'humanité, 105. V. *Adultère*, *Viol*.

N.

Non bis in idem. La loi ne devrait jamais prononcer deux peines pour la même faute , 24. Le Code pénal a le défaut d'en prononcer souvent plusieurs, 44. V. *Récidive*.

Non-culpabilité. V. *Volonté*.

Non-révélation. Notre Code rappelle sur ce point les funestes lois d'*Arcadius* et *Honorius*, il est dangereux et immoral, 83. On voit avec répugnance que ces peines aient été étendues à la fausse monnaie et à certains faux, 87.

O.

Objection au système général d'atténuation, 113. — Réfutation, 114.

Obscurité de la loi, ne peut être expliquée que par le législateur, 11, 66. V. *Législateur*.

P.

Q.

S.

T.

cessaires. — Est l'origine du premier Code pénal de tous le peuples, *id.*

U.

V.

objets volés, *id.* Son article 401 punit trop sévèrement les vols simples. — La loi de 1791 était bien
moins dure, 109.

Vols sur chemins publics, étaient ayant le Code punis
par la loi du 29 nivôse an 6, 41.—Sont aujourd'hui
punis beaucoup trop sévèrement. — On devrait
avoir égard aux circonstances, 106.

Vols avec circonstances. Le complice de vol commis
avec le port d'armes cachées ne devrait être puni
comme l'auteur principal, que dans le cas où il
serait prouvé qu'il avait connaissance de ce port
d'armes, 106. L'article 386 du Code pénal devrait
être étendu aux *boutiques* comme aux *cafés, cabarets*, etc., 106. — Est trop sévère à cause de
l'exiguité des vols, sur-tout des petits larcins dans
les ateliers, *id.* La loi du 25 frimaire an 8 était
préférable, *id.* V. *Escalade, Effraction, Fausses
clefs, Maison habitée.*

FIN DE LA TABLE.

9 782329 775456